CINEMA E ANTROPOCENO

Blucher

CINEMA E ANTROPOCENO

Novos sintomas do mal-estar na civilização

Adriano Messias

Cinema e Antropoceno: novos sintomas do mal-estar na civilização

Editora Edgard Blücher Ltda.

Publisher Edgard Blücher
Editores Eduardo Blücher e Jonatas Eliakim
Coordenação editorial Andressa Lira
Produção editorial Ariana Corrêa
Preparação de texto Vânia Cavalcanti
Diagramação Guilherme Salvador
Revisão de texto MPMB
Capa Leandro Cunha
Imagem da capa Frederico Moreira. Dragão símbolo de Liubliana, capital da Eslovênia. Foi construído no início do século XX, quando o país pertencia ao Império Austro-Húngaro. Uma lenda diz que Jasão e os argonautas venceram um dragão que existia no local em que hoje se assenta a cidade.

Blucher

Rua Pedroso Alvarenga, 1245, 4º andar
04531-934 – São Paulo – SP – Brasil
Tel.: 55 11 3078-5366
contato@blucher.com.br
www.blucher.com.br

Segundo o Novo Acordo Ortográfico, conforme 6. ed. do *Vocabulário Ortográfico da Língua Portuguesa*, Academia Brasileira de Letras, julho de 2021.

Dados Internacionais de Catalogação
na Publicação (CIP)
Angélica Ilacqua CRB-8/7057

Messias, Adriano

Cinema e Antropoceno : novos sintomas do mal-estar na civilização / Adriano Messias. – São Paulo : Blucher, 2023.

186 p. : il.

Bibliografia

ISBN 978-65-5506-713-2

1. Psicanálise – Interpretação 2. Psicanálise e cinema I. Título

23-3105 CDD 150.195

Índice para catálogo sistemático:
1. Psicanálise – Interpretação

Conteúdo

Nota do autor

Apesar de o título original do livro de Freud ser *Das Unbehagen in der Cultur*, ou seja, *O mal-estar na cultura*, minha opção por "civilização" no subtítulo desta minha obra dialoga com as escolhas de abordagem teórica que nela faço. Como trato do Antropoceno, este tema tem uma abrangência tamanha que acredito que o termo "civilização" possa acampá-lo melhor.

Apresentação

Este texto é o terceiro a dar continuidade *a Todos os monstros da Terra: bestiários do cinema e da literatura* e a *Comunicação e Antropoceno: os desafios do humano*, mas sem nenhum prejuízo para quem ainda não leu esses volumes anteriores. Até agora, o que considero o principal trabalho de minha carreira como pesquisador se apresenta em uma pentalogia: além do exemplar que você agora lê e dos mencionados anteriormente, escrevi também *Antropoceno, epidemias e pandemias: da pré-história ao Covid-19* e, em fase de finalização, *Antropoceno – tratado geral sobre o fim do mundo humano*, todos a constarem no catálogo da Blucher numa coleção que denominei de Monstruosidades. Em todos os tomos, desenvolvo olhares múltiplos e transdisciplinares para buscar entender a complexidade civilizacional na "Era do Humano", o Antropoceno.

Meus textos muitas vezes trazem, como exemplos de aplicações teóricas, análises de filmes e séries que, para mim, funcionam como pontos de partida para o pensar. Emprego em primeiro lugar um duplo instrumental, a psicanálise e a semiótica, e, mediante a convergência entre elas, avanço por outros terrenos epistemológicos.

Porém, tanto uma como outra têm necessariamente de se situar em um contexto cujos avanços científicos e tecnológicos fazem emergir, cada vez em menor espaço de tempo, grandes inovações e, consequentemente, isso exige maior adaptação e conhecimento por parte de seus profissionais.

Se, em grande parte das vezes, os profissionais se valem do contato presencial para vasculharem os arcabouços da subjetividade nos consultórios de análise clínica, as indagações em torno do sujeito contemporâneo e também da cultura na qual ele faz seus sintomas podem ser mais bem clarificadas por meio de outros campos: biogenética, robótica, arqueologia, paleoantropologia, climatologia, dendrologia, neurociências, telemedicina e medicina assistida por inteligência artificial, neurologia cognitiva e do envelhecimento são alguns deles, os quais coexistirão ao lado de profissões cada vez mais necessárias, como o cientista de dados, o analista de *big data*, o engenheiro de *machine learning*, o consultor de biomimética, o farmacogeneticista, o analista de cybercidades e o arquiteto e engenheiro 3D.

Se, por décadas, um fóssil ou um artefato pré-histórico tinha de ser analisado pelo toque, por radiografias e por lentes de aumento, agora existe uma profusa tecnologia imagética e de datação disponível para se narrar uma história *sapiens* com mais segurança.

Da mesma maneira, se até os anos 1980 ou 1990, um psicanalista contava apenas com as boas heranças teóricas e discursivas das ciências humanas e sociais da linha francesa, por exemplo, agora ele pode lançar mão de conhecimentos de ponta que o farão enriquecer sua abordagem a respeito do sujeito.

Neste século, é incontestável a vasta revolução que se opera em todos os campos do humano. Não podemos nos esquecer de que boa parte das teorias envelhece: o que funcionou nos anos 1960 ou 1970 pode ser que não sirva agora. E é preciso ter muita coragem para abandonar os velhos cânones e assumir uma nova postura.

Faltam ainda especializações àqueles que precisam estar orientados para a amenização dos impactos do Antropoceno, e esta é uma demanda hercúlea que carece da sinergia entre diversas áreas.

Da mesma forma, daqui em diante também se exigirá um alto nível de *expertise* dos profissionais que trabalham com saúde mental. A civilização é doente de si mesma e por causa de si mesma.

Quero encorajar você, com esta *Apresentação*, a sair um pouco de sua cadeira para analisar e observar o mundo fervilhante que está, muitas vezes, apenas do outro lado da janela.

1. Da angústia, da fobia e de outros bichos

> *Somos parte de uma espécie animal que ficará esquecida em nível geológico; chegará um ponto em que seremos uma capa de cálcio debaixo de uma capa de cinza, debaixo de uma capa de pedreira. A espécie humana apenas será uma tira de uns poucos milímetros de espessura, e ali estarão a lista de compras, as obras completas de William Shakespeare,* El Quijote *de Cervantes e o Guia de Espetáculos e Diversões.*[1]
>
> (Guillermo del Toro)[2]

---

1 Santos, 2016, grifos do original, tradução minha.

2 Guillermo del Toro em entrevista a Juan Andrés Pedrero Santos: "*Somos parte de una especie animal que quedará olvidada a nivel geológico, llegará un punto en el que seremos una capa de calcio debajo de una capa de ceniza, debajo de una capa de cantera. La especie humana apenas será una tira de unos pocos milímetros de grosor, y ahí estarán la lista de compra, las obras completas de William Shakespeare,* El Quijote *de Cervantes y la Guía del Ocio.*"

Os monstros estão por aí, desde sempre: são também nossos outros. Há décadas, eles se dão a ver no cinema, nas séries televisivas, nos jogos, na literatura. Não há como fugir deles, e tenho-os tomado como paradigma para refletir sobre o humano. Porém, quando uma novidade chamada cinematógrafo chegou em Viena, Sigmund Freud já tinha seus 40 anos. Ele era um literato em uma cidade dividida entre a tradição e a modernidade e pode-se dizer que aquelas imagens cinzentas e intermitentes não tiveram efeito sobre o pai da psicanálise. A lenda é que ele jamais vira um filme em toda a sua existência, apesar de afirmar que nossa consciência era semelhante a um projetor óptico.

Na Espanha, a cinematofobia bloqueou emocionalmente o público adulto que viu a máquina que projetava imagens moventes chegar em 1898. Apenas nos anos 1930 é que o cinema ganharia proeminência naquele país a partir dos trabalhos de Luis Buñuel, com destaque para aquele perturbador sonho em película chamado *Um cão andaluz* (*Un chien andalou*, 1928). Na verdade, os entusiastas da sétima arte da terceira década do século XX vieram a representar uma geração que havia crescido nos "pulguinhas"[3] assistindo a curtas de comédia e a séries de aventura e de faroeste. Não por acaso, o emblemático curta de Buñuel, em parceria com Dalí e de filiação surrealista, homenageava a psicanálise e a descoberta do inconsciente com suas famosas cenas povoadas pelo onírico, isso quase três décadas depois da publicação de *A interpretação dos sonhos* (1900).

Escolhi a Espanha e a expressão cinematográfica do mexicano Guillermo del Toro para estruturarem o recorte de uma das pesquisas que realizei durante um de meus pós-doutorados em Barcelona: nada mais próximo e, ao mesmo tempo, estranho e alheio a nós do que a

3 Um dos apelidos atribuídos às salas de exibição, o que revela a despreocupação com a qualidade e o conforto.

sombra daqueles que colaboraram em nossa constituição cultural e, com isso, referencio a Península Ibérica e a América Latina.

Na Ibéria, que historicamente vem estendendo seus braços além-mar, está parte de sintomas que também reconhecemos como nossos, no Brasil. Estes, por sua vez, precisam ser transformados em discurso simbólico para que possamos encontrar respostas nos tempos que atravessamos: "No discurso simbólico que abriga o desejo é onde encontramos, então, sua maior vibração e por onde corre o caudal de decifração do mal-estar no indivíduo e na cultura" (Cavaliere, 2015, p. 15, tradução minha).[4] Por isso, quando trato de civilização, trato, evidentemente, da experiência de corpo, um corpo falante e furado que, dependente da complexa engrenagem pulsional, goza e sofre os impactos do mal-estar da cultura que, ao fim e ao cabo, hoje se traduz no temido Antropoceno. Faço aqui, portanto, uma mirada sobre os corpos e as implicações do tecnológico a partir do cinema, em especial do de Del Toro.

Para Sedeño e Arjonilla (2014, p. 28), há três dimensões na concepção humana do conhecimento: a normativa, a descritiva e a visionária. A normativa traz o ponto de vista dos subjugados frente ao hegemonismo que os oprime. Na descritiva, há o desejo de universalidade e historicidade sob os auspícios do pós-expansionismo europeu, o que colaborou para o crescimento do capitalismo, do militarismo, do racismo e do sexismo. A terceira, a visionária, mostra a necessidade de os feminismos desenharem uma melhor descrição do mundo por meio de projetos políticos. Há que se lembrar que muitas ideias contemporâneas em torno do corpo se devem à medicina do século XIX, e pensar o corporal implica situá-lo numa ampla gama

---

4 No original: "*En el discurso simbólico que abriga el deseo es donde encontramos, entonces, su mayor vibración y por donde corre el cauce de desciframiento del malestar en el individuo y en la cultura*".

de referências e representações históricas, sociais e culturais. É aí que o cinema entra em campo.

O crescente interesse de nossa sociedade pelos impactos da tecnologia sobre o mundo tem a ver com a hiperaceleração capitalista do pós-Segunda Guerra, período em que se deu a ascensão da maior crise ambiental de que temos notícia na humanidade, deflagrada por testes nucleares, desmatamentos, poluição excessiva das cidades, contaminações de todas as ordens, envenenamentos por produtos farmacêuticos e agrícolas, a isso somando-se variadas guerras. Por um lado, o sentimento de frustração e de impotência percorre nossa espécie quando se constata que avanços científicos não resultam necessariamente em respeito aos direitos humanos e em uma proposta ética para o conviver no mundo. Por outro lado, movimentos e correntes de pensamento variados, como os feminismos, têm oferecido alternativas para se pensar as disparidades e as bipolaridades entre humano e máquina, cultura e natureza, com destaque para os trabalhos de Donna Haraway e sua epistemologia pós-moderna (cf. Haraway, 2019), na qual ela critica, por exemplo, os binarismos inerentes aos conceitos de sexo e de gênero.

A temática das tecnologias monstruosas e suas imbricações com o humano no âmbito da ficção audiovisual dizem muito de um termo há tempos em voga: a angústia. Etimologicamente, *angustus*, em latim, tem a ver com um desfiladeiro estreito e profundo sobre o qual o caminhante tinha de atravessar, muitas vezes fugindo de bandoleiros. Aqui recrio uma imagem muito ibérica; andaluza até, e isso não por acaso. A expressão conduz ainda aos estreitos marítimos desafiadores e turbulentos, as chamadas *angusturas*, como é o caso de Gibraltar.

Este "salto sobre o vazio" era também o próprio *angustus* (*angosto* em castelhano) que, de acidente geográfico, abstraiu-se em sensações e percepções. O angustiado tantas vezes descreve fisicamente o peito e a garganta como estreitados, arroxeados. Na medicina mais antiga, as *angustiae* se relacionavam às goelas dos animais. A *angina pectoris*, que compartilha a mesma raiz de "angústia", costuma ter como sintomas opressão no peito e dificuldade de respirar. Em espanhol, *angustia* também é a sensação de obstrução na garganta que o vômito provoca. Assim, a conhecida angústia, que parece tão contemporânea, sinaliza uma primeira demarcação geofisiológica humana: ela habita o próprio corpo, arcabouço modificável e mutante da subjetividade.

Em 2006, quando o psicanalista Miquel Bassols chegava a Granada para uma conferência sobre *O seminário, livro 10: a angústia*, de Jacques Lacan, foi surpreendido por uma manobra de arremetida do avião em que estava e tomou esse evento para abrir sua fala na mágica cidade andaluza (Bassols, 2011, p. 14 *et seq.*). Ao ter em mãos o texto dessa palestra, transformado em discreto livro pela Universidade de Granada, reconheci pontos que convergem com minhas abordagens de pesquisa: primeiramente, Bassols destacou a proeminência da angústia, a "epidemia silenciosa", como um fenômeno ligado a diagnósticos da moda, capaz até mesmo de suplantar os da depressão. Evidentemente, o termo "epidemia" é empregado aqui apenas para enunciar um processo (ouso dizer, psíquico, cultural e, até mesmo, com repercussões neurológicas) em que a angústia se marca na singularidade do sujeito e nos mecanismos de sua interação com o mundo. Ou seja, ela é capaz de "deslizar" de um sujeito a outro, quase por uma espécie de "contaminação" e, assim, pode-se abrir a hipótese de que há uma parcela da angústia de um sujeito fortemente interdependente do mal-estar coletivo.

No caso brasileiro, um exemplo notório foram os meses antes das eleições presidenciais de 2018, quando boa parte da população se angustiava com o receio de que um candidato portador de um discurso violento, expressando ideologias neofascistas e de extrema direita, chegasse ao poder e instaurasse uma ditadura, violando, assim, direitos humanos paulatinamente adquiridos pela jovem democracia do país. Analisandos levavam para o divã a situação política caótica como fator extremamente angustiante em suas vidas.

A angústia pode tanto advir de um evento esporádico e demarcado, como o vivido por Bassols e, provavelmente, pelos demais passageiros da aeronave, como da ansiedade de milhões de pessoas frente ao resultado das urnas eletrônicas, ou mesmo das emoções complexas que se experimentam quado se assiste a um filme ou a uma série de terror. É claro que, na ficção, tudo é mais domável, diferentemente do que se passa perante as ameaças da vida cotidiana, quando a angústia nos arrasta com seu galope desenfreado.

Segundo Lacan, o objeto da angústia é estranho (Bassols, 2011, p. 17). Hoje, ele se vê revestido por diversas terminologias, desde ataques de pânico e fobias até TDH e crises de ansiedade. Lacan já havia reiterado, em frase célebre, que a angústia não era sem objeto. Para ele, o desafio estava em fazer o sujeito seguir o fio de Ariadne que pode ser a vivência angustiante, no afã de se discernir o objeto causador de sofrimento. Cabe, pois, em um trabalho como este de análise da cultura, procurar uma escuta ou, melhor ainda, uma mirada – já que o audiovisual é sobretudo escópico – que vislumbre o que possa haver por detrás da angústia. Aqui, especificamente, daquela que nos faz sofrer quando tratamos de uma "tecnologia monstruosa", a saber: incompreendida e incompreensível; disponível para muitos, mas, ao mesmo tempo, excludente; capaz de alterar o corpo a um nível ainda não totalmente estudado; possível de se tornar uma arma nas mãos de estados, partidos e facções totalitárias – em suma, perversa em consequência da ação humana. Neste sentido, pretendo visualizar a participação tecnológica no mal-estar específico deste momento do século. Um panorama desses se reflete igualmente em produções da ficção, surpreendendo-nos sobretudo quando constatamos que o monstruoso habita, de fato, o humano.

Sigo, nesta parte de meu texto, os apontamentos do psicanalista catalão Miquel Bassols sobre um seminário lacaniano tão fundamental para se entender o sofrimento: pensemos que, impulsionados pela ausência da falta da falta, os sujeitos contemporâneos se deixam levar pela devoração oriunda dos próprios objetos que se lhes tornam necessários ao desejo, de onde o fenômeno "consumista-consumido".

O "cavalo do pensamento", bela metáfora lacaniana da angústia, tem, para Bassols, equivalência em algumas poesias de Federico García Lorca. Nessas, a figura do equino aparece como objeto angustiante, coincidindo com o mesmo tema objetal fóbico do pequeno Hans: "Foge, lua, lua, lua/ que já sinto seus cavalos" (como citado em Bassols, 2011, p. 74, tradução minha), de *Romance de la Luna, Luna*; "Solidão de meus pesares,/cavalo desenfreado,/ que por fim encontra o mar/e é tragado pelas ondas" (como citado em Bassols, 2011, pp. 76-77, tradução minha), de *Romance de la Pena Negra*, ambos poemas da obra *Romancero Gitano*, 1924-1927.[5] Nos dois primeiros versos citados, os ciganos raptarão a mulher-lua, conforme interpreta Bassols, e o imperativo "fuja" soa como sinal de angústia para ela. No trecho do segundo poema, o cavalo "desbocado", ou seja, "desenfreado", arrasta o sujeito até que este último seja engolido pelas ondas do mar.

Se fôssemos levantar uma lista de objetos com este potencial angustiante/fóbico na ficção, surgiria um belo e infindável trabalho. O cavalo, entretanto, é muito ilustrativo para nós em virtude de sua predileção – tanto mitológica quanto midiática – como elemento ligado à angústia: pensemos no surpreendente presente à cidade de Troia, o qual oculta, insuspeito em seu vazio, a mais temida ameaça para o povo do rei Príamo (cf. Messias, 2019b).

Na Espanha, em 2018, uma das maiores redes de *fast food* do mundo "dava" uma almofadinha "de presente" a quem pagasse

5 Nos originais: "*Huye luna, luna, luna,/ que ya siento sus caballos*"; "*Soledad de mis pesares,/ caballo que se desboca,/ al fin encuentra la mar/ y se lo tragan las olas*".

um euro a mais ao comprar as ofertas de um menu grande. A imagem da publicidade televisiva exibia um rapaz muito feliz, dançando abraçado a uma pequena almofada que ganhou ao comprar o sanduíche e o refrigerante.[6] O anunciante dizia em *off*: "*Llegan los cojines de McDonald's y tu cuerpo lo sabe*" ("Estão chegando as almofadinhas do McDonald's e seu corpo sabe"). Esta é a função do consumismo ao explorar, no sujeito, aquilo com o que ele não consegue lidar: o próprio desejo. E, assim, o consumidor vai sendo desorientado vida afora por cavalos indomáveis que lhe surgem a todo instante. De fato, não há nenhuma mentira quando a publicidade diz que "seu corpo sabe": trata-se de um saber sofrido, comum a todos nós, carregado de gozo. Consumir é um martírio neste momento da civilização. O sujeito contemporâneo não aceita perder nada.

Em psicanálise, existe uma conexão muito próxima entre angústia e fobia, sendo esta última uma espécie de "materialização" objetal, ainda que pouco eficiente, da primeira. Escrevo "pouco eficiente" porque, por um lado, a angústia é capaz de se condensar em objetos bastante complicados para o cotidiano de um sujeito. Por outro lado, uma fobia bem organizada, sobretudo quando se liga a um objeto mais exótico, seria uma forma muito interessante de se lidar com a própria angústia. O que ocorre é que há mais gente com medo de ficar presa em espaços fechados do que gente com fobia de galinhas. Ademais, a angústia, como signo, não pode ser apagada (Bassols, 2011, p. 25), e, se assim se pretende – o que se dá no âmbito das terapias cognitivo-comportamentais, por exemplo –, ela certamente retornará mais à frente acompanhada de seus sintomas. Este poder de deslocamento da angústia faz dela um recurso fictício enredador do sujeito extremamente empregado, componente fundamental de seu fantasma.

---

6 Cf. vídeo promocional no site: https://www.youtube.com/watch?v=JpZiOtZf5To. Acesso em: 25 out. 2018.

Miquel Bassols afirma que Jacques Lacan, em *O seminário, livro 10*, constrói argumentações e análises em um percurso parecido com o de um filme ou uma série de suspense. Também há algo ali de hitchcockiano a segurar o leitor por meio de digressões e filigranas. São, como sempre, delicados e precisos movimentos de pinça em deslocamentos pelos quais Lacan busca dar conta do complexo tema, justamente em um momento angustiante de sua vida, quando veio a ser "excomungado" da Associação Internacional de Psicanálise (IPA), em novembro de 1963.

> *O Seminário tem mais a aparência dos deslocamentos de um celular, de uma câmera que vai tentando agarrar esse objeto da angústia, que vai se deslocando de uma cena a outra. Contudo, Lacan nos dá – já no primeiro capítulo – uma imagem, uma foto fixa do que, para ele, é uma cena de angústia. Lacan nos dá uma descrição – daliniana – do que, para si, é uma cena angustiante. Está na página 14 e remete a quando Lacan fala da relação especial que a angústia tem com o enigma do desejo do Outro. Certamente, se há algo que nos angustia é não saber o que é que o Outro quer de nós. (Bassols, 2011, pp. 32-33, tradução minha)*[7]

---

7 No original: "*El Seminario tiene más la apariencia de los desplazamientos de un móvil, de una cámara, que va intentando agarrar ese objeto de la angustia, que se va desplazando de una escena a otra. Con todo, Lacan nos da – ya en el primer capítulo – una imagen, una foto fija de lo que para él es una escena de angustia. Nos da una descripción – daliniana – de lo que para él, Jacques Lacan, es una escena angustiante. Está en la página 14, y viene al hilo de cuando Lacan habla de la relación especial que tiene la angustia con el enigma del deseo del Otro. Ciertamente, si hay algo que nos angustia es no saber qué es lo que el Otro quiere de nosotros.*"

Esse Outro pode estar, por exemplo, na tecnologia e nos seus aparatos, bem como se projetar na figura messiânica de um político ou de uma forma de governo, seja ela autoritária, seja ela democrática. A angústia não sabe de que se angustia, diz Bassols (2011, p. 34), e tampouco sabe que rosto tem perante o Outro na experiência angustiante, um marco para Lacan nessa temática. Considera-se que há muito de estranho familiar (às vezes traduzido como *lo siniestro* ou *lo ominoso* em espanhol) e de extimidade na angústia, quando o Outro surge com sua potência devoradora.

Na empreitada à qual me proponho neste texto, a comparação que Bassols faz entre o "seminário da angústia" e o cinema é muito lúdica, sobretudo quando o psicanalista catalão elege a obra *Alien, o oitavo passageiro* (*Alien*, Ridley Scott, 1979) e todas as suas continuações, até então – como uma espécie de metáfora de como Lacan constrói seus magníficos aportes em relação à contundente tópica da angústia. Daí vem o jogo cinematográfico, pois, de fato, muitos filmes lidam com a questão da espera do espectador em relação ao que vai passar, surgir, aparecer (ou não, já que, muitas vezes, o objeto causador da angústia em um filme nem sequer emerge). E não se deve fazê-lo amiúde, pois o cinema de terror, de suspense e de ficção científica ficaria sem uma de suas mais brilhantes estratégias de fabulação. Por isso, sempre separo os filmes de terror "explícito" – como os de violência e tortura em que o *serial killer* dá as caras de imediato – daqueles que conseguem de fato trabalhar a angústia. São estas últimas as obras que nos mantêm, finda a exibição, ainda no lusco-fusco proporcionado pela experiência para-hipnótica do cinema. Assim, penso que uma das chaves para se operar na esfera da angústia ficcional está em uma vertente muito mais gótica do que *gore* – ainda que ambas possam se encontrar. Conforme explica Bassols (2011):

> *sabemos que o cinema de terror tem a capacidade de justamente fazer aparecer o objeto de angústia – não de*

> *todo, mas algo dele –, de modo que o sujeito fique agarrado a essa cena sem poder retirar-se dela, ainda que seja tapando os olhos. (O sujeito que tapa os olhos em frente à tela está querendo, na realidade, ir mais além da tela para ver o que é que existe por detrás desse objeto da angústia). (Bassols, 2011, pp. 42-43, tradução minha)*[8]

A palavra catalã que Bassols utiliza para se referir àquele que sai da sala de cinema após um angustiante filme de terror é *esperitat*, que, em espanhol, corresponderia até mesmo a "endemoninhado" (*espiritado*) e, no caso da língua portuguesa, poderia igualmente ser traduzido como "excitado", "sobressaltado", "com os nervos à flor da pele": alguém que, de fato, estivesse assombrado por algo do plano do demoníaco – entendendo-se, neste caso, "o demônio interior".

A angústia é, pois, o cavalo negro em que galopa o cavaleiro sem cabeça, da famosa lenda escrita por Washington Irving e levada à tela por Tim Burton. Não se sabe ao certo de onde ele vem, tampouco para onde vai, muito menos qual cabeça será ceifada, ainda que haja evidências de sua presença e de suas intenções.

O alien *de Ridley Scott e o louva-a-deus de Lacan*

Ainda em *O seminário, livro 10*, Lacan, na lição 1, de 14 de novembro de 1962, supõe-se encontrando um louva-a-deus monstruoso, perante o qual usaria uma máscara semelhante à carantonha

---

8 No original: "*sabemos que el cine de terror tiene algo, que es justamente hacer aparecer – no del todo, pero algo – el objeto de angustia, de modo que el sujeto queda agarrado a esa escena sin poderse sustraer, aunque sea tapándose los ojos. (El sujeto que se tapa los ojos frente a la pantalla, en realidad, está queriendo ir más allá de la pantalla para ver qué es lo que hay detrás de ese objeto de la angustia).*"

do inseto. É aqui que ele ilustra que a angústia adviria ao sujeito pelo fato de este não se saber como é para o Outro. Cito a explanação lacaniana, longa, mas necessária à tessitura deste texto:

> *evoco a fábula, a apologia, a divertida imagem que decidi apresentar a vocês por um instante: eu mesmo, usando a máscara animal da qual se cobre o feiticeiro da gruta dos Três Irmãos, imaginei-me perante vocês frente a outro animal, um de verdade, e então supostamente gigantesco; no caso, um louva-a-deus. E, como eu não sabia qual máscara usava, [como] não sabia de qual [máscara] se tratava, imaginem facilmente que eu tinha alguns motivos para não estar seguro com aquilo, já que, por ventura, aquela máscara não poderia ser imprópria para conduzir meu parceiro [louva-a-deus] sobre algum engano a respeito de minha identidade, e deixo bem claro que, a isso, acrescentei o fato de que, naquele espelho enigmático do globo ocular do inseto, eu não conseguia ver minha própria imagem. Esta metáfora mantém ainda hoje todo o seu valor e é ela que justifica o fato de, no cerne dos significantes que escrevi nesta lousa, vocês verem a questão que já há muito tempo introduzi como o ponto crítico dos dois níveis do grafo, posto que eles estruturam esta relação do sujeito ao significante que, no que concerne à subjetividade, me parece ser a chave daquilo que introduziu na doutrina freudiana o* "Che vuoi", *"O que você quer?". Forcem um pouquinho mais a engrenagem, a entrada da chave, e terão "O que me quer ele?"* [Que me veut-il?]*, com a ambiguidade que o francês permite sobre o "mim" [*"me"*], entre o complemento indireto ou direto, e não apenas*

> *"o que ele quer de mim?"* [que veut-il a moi?], *mas algo de suspenso que diz respeito diretamente ao eu* [moi] *que não é "como ele me quer?"* [comment me veut-il?], *mas "o que ele quer com respeito a este lugar do eu"* [que veut-il concernant cette place du moi], *que é algo em suspenso, entre os dois níveis. (Lacan, 2018, pp. 11-12, grifos do original, tradução minha)*[9]

Em várias cenas de *Alien, o oitavo passageiro* e de outros filmes desta franquia – sobretudo quando, durante segundos de suspensão, o espectador fica à deriva e à espera –, a angústia é notória. Em boa parte da duração do filme inaugural, o monstro não aparece, mas dele sobressaem sinais, vestígios pegajosos, estragos de sua passagem e de sua presença. Podemos resumi-los todos como

---

9 No original: "*je rappelle la fable, l'apologie, l'image amusante que j'avais cru devoir en dresser devant vous pour un instant: moi-meme revetant le masque animal dont se couvre le sorcier de la grotte des Trois Freres, je m'étais imaginé devant vous en face d'un autre animal, d'un vrai celui-la et supposé géant pour l'occasion, celui de la mante religieuse. Et aussi bien, comme le masque que moi je portais, je ne savais pas lequel c'était, vous imaginez facilement que j'avais quelques raisons de n'etre pas rassuré, pour le cas ou par hasard ce masque n'aurait pas été impropre a entraîner ma partenaire dans quelque erreur sur mon identité, la chose étant bien soulignée par ceci que j'y avais ajouté que dans ce miroir énigmatique du globe oculaire de l'insecte je ne voyais pas ma propre image. Cette métaphore garde aujourd'hui toute sa valeur et c'est elle qui justifie qu'au centre des signifiants que j'ai posés sur ce tableau, vous voyez la question que j'ai depuis longtemps introduite comme étant la charniere des deux étages du graphe pour autant qu'ils structurent ce rapport du sujet au signifiant qui sur la subjectivité me paraît devoir etre la clé de ce qu'introduit dans la doctrine freudienne le* 'Che vuoi', 'Que veux-tu?'. *Poussez un petit peu plus le fonctionnement, l'entrée de la clé, vous avez* 'Que me veut-il?' *avec l'ambiguité que le français permet sur le* 'me', *entre le complément indirect ou direct non pas seulement* 'que veut-il a moi ?', *mais quelque chose de suspendu qui concerne directement le moi qui n'est pas* 'comment me veut-il?', *mais qui est 'que veut-il concernant cette place du moi', qui est quelque chose en suspens, entre les deux étages.*"

signos que o espectador interpretará, verdadeiros alertas de perigo e causadores de angústia. O *alien*, esse Outro abominável e aparentemente irracional, não é aqui um louva-a-deus gigantesco, como coube a Lacan metaforizar em sua fábula, mas assume uma função semelhante.

No engenhoso monstro que habita a nave espacial de Ridley Scott há, porém, algo que remete aos insetos naquilo que eles podem apresentar de asqueroso e metamórfico, mas não apenas. A constituição física do *alien*, tão oposta à nossa, ao mesmo tempo remete ao humano, este, por sua vez, também alienígena para o monstro poderoso. Se por um lado é possível, nas várias fases de crescimento do xenomorfo de Scott, haver similitudes com o desenvolvimento de seres variados da biologia da Terra, por outro, a criatura maturada, horrenda, "adulta", se posiciona como um possível resultado evolutivo jamais sonhado pela constituição corpórea e adaptativa humana.

As etapas de desenvolvimento criadas para aquele monstro cinematográfico são engenhosas: no filme de 1979, o *alien* nascia de um ovo, que, depois, passou a apresentar quatro lóbulos que se abriam por cima. Naquele estágio inicial, a poderosa arma biológica teria de detectar um provável hospedeiro por meio sensores (a aranha na teia ou o pernilongo e seus sensores de gás carbônico mantêm estratégias de sobrevivência dentro deste mesmo raciocínio). O próximo nível seria o do "abraçador" (ou *facehugger*), quando o bicho surgia com oito membros, uma cauda musculosa, mas ainda desprovido de olhos. Por isso, seus sensores de gás carbônico, de movimento ou de calor o ajudavam a encontrar a vítima. Após "abraçá-la", a criatura introduzia em sua boca uma probóscide que descia pela garganta até liberar o embrião, ao qual o hospedeiro forneceria oxigênio. O corpo vitimado, porém, ficaria asfixiado com a cauda em torno de seu pescoço.

No primeiro filme da franquia, o personagem Dr. Ash informa que o *alien* era capaz de trocar suas células por silício e aguentar condições muito adversas. Seu sangue seria ácido e percorreria vasos de silicone, os quais não conseguiria corroer. O embrião se desenvolveria ao devorar o hospedeiro de dentro para fora, até transformar-se no "estoura-peito" (o *chestbuster*), uma criatura que se constituiu mediante capturas genéticas do outro invadido. Dali em diante, o monstro assumiria aspectos do ser dentro do qual se fez: por exemplo, poderia ser bípede ou quadrúpede; neste segundo caso, isso se deu quando um *alien* ficou encubado em um cachorro no filme *Alien 3* (David Fincher, 1992); ou poderia ser um *predalien*, como no caso de *Alien vs. Predador* (*Alien vs. Predator*, Colin Strause, Greg Strause & Paul W. S. Anderson, 2004). Na fase adulta, o *alien* apresentaria o exoesqueleto na parte superior do corpo, bem como um endoesqueleto embaixo. A aterrorizante e clássica imagem de uma segunda boca que sai de dentro da primeira se assemelha ao que fazem algumas enguias quando puxam o alimento com um segundo par de mandíbulas (mas, em sentido inverso ao que faz o xenomorfo). Já os *aliens* adultos são seres sociais que alimentam uma enorme rainha que põe ovos, a exemplo do que fazem nossos cupins.

Enfim, todo *alien* é um pesadelo biotecnológico que revela uma função especular e também por isso assusta tanto. Todavia, a angústia habita a suspensão, jamais a certeza. O monstro de Ridley Scott, ao se revelar aos humanos, entra em outro plano, muito mais próximo ao fóbico do que ao angustiante no sentido atribuído por Lacan: o *alien* então se apresenta como objeto, assim como o cavalo para o pequeno Hans. O espectador já sabe o que é o monstro espacial, ainda que já o supusesse – e aí, obviamente, está o jogo do inverossímil do qual participamos ao vermos um filme.

Bassols (2011, p. 44) reforça que *Alien, o oitavo passageiro* é um belo filme para se exemplificar a tópica freudiana da angústia, uma vez que a assustada tripulação da nave espacial se utiliza de um detector de movimentos de alienígenas que, apesar de sinalizar alguma presença estranha – ou seja, um objeto angustiante –, não chega de fato a garantir a segurança dos tripulantes. O monstro lá está, mas no corredor nada se vê além do vazio que angustia:

> *esses 3, 4, 5, 6 segundos que se estendem na cena são – quase diríamos – todo o filme. Esses 5, 6 segundos do sujeito perante o nada do objeto, perante o sinal de que este objeto está ali, esse tempo tão particular que não pode ser medido com o relógio ou o cronômetro, que é o tempo da subjetividade perante a angústia. (Bassols, 2011, p. 45, tradução minha)*[10]

Em seu texto, Bassols explica que, quando no filme os humanos constatam a presença explícita do monstro, quebra-se então a suspensão, o *encore*, e ocorre a fuga, ou seja, o momento da fobia (que já foi chamada no passado de "histeria de angústia"), metáfora do escape do sujeito frente ao objeto aterrorizante. Neste aspecto, pode-se considerar o filme *Bird Box* (Susanne Bier, 2018) uma alegoria à pulsão escópica, ao objeto de desejo e a suas proibições: no enredo, os humanos enlouquecem quando veem uma criatura que jamais aparece ao espectador, tampouco tem-se uma explicação sobre sua origem e finalidade. Dela, chegam-nos vestígios, como o farfalhar repentino de folhas de árvores e a agitação de pássaros ou, ainda, as írises alteradas naqueles que não resistiram a admirar a

10 No original: "*esos tres, cuatro, cinco, seis segundos que se extienden en la escena son – casi diríamos – toda la película. Esos cinco, seis segundos del sujeto ante la nada del objeto, ante la senal de que ese objeto está ahí, ese tiempo tan particular que no se puede medir con el reloj o el cronómetro, que es el tiempo de la subjetividad ante la angustia*".

fascinante monstruosidade. As vendas nos rostos dos personagens funcionam como um imperfeito escudo de Perseu: são colocadas por eles próprios não porque sejam um recurso eficaz, mas porque os distraem momentaneamente da conclusão do gozo pulsional que os lança no abismo da violência e da morte.

Digo que o tempo da angústia se parece também a um tempo de demoníaca gravidez, como a da Rosemary de Ira Levin (1985), cujo romance foi levado ao cinema por Roman Polanski: "Começou a sentir contrações: um dia uma, no dia seguinte também, e no outro nenhuma, no dia seguinte duas..." (Levin, 1985, p. 183). Emprego essa metáfora para dizer do período de suspensão em que o sujeito mantém contato com o que lhe é mais estranho e que, ao mesmo tempo, mais entranhado lhe está. Trata-se da Coisa mas também do êxtimo, ou seja, da pura alteridade ensimesmada – um *dentrofora* que deveria ser usado como um daqueles inteligentes neologismos de Guimarães Rosa.

Em *O seminário, livro 16* (2008b [1968-1969]), Jacques Lacan dizia que o objeto "a" era êxtimo. Este conceito que ele, infelizmente, não teve tempo de continuar a desenvolver, ganhou reelaboração em um curso de Jacques-Alain Miller de 1985, editado em livro em 2010, em que este último autor apresenta o êxtimo como aquilo que teríamos de mais íntimo – espécie de elemento estranho que em nós se manifesta, desdobra-se, diz de nós e, ao mesmo tempo, é outra coisa. O êxtimo se relaciona a uma topologia espacial: a figura toroide e pneumática é talvez a mais próxima para dar a ver didaticamente esse furo que, por isso mesmo, é circundado por algo. Todo vazio só existe por haver borda e circunscrição, discurso ou tentativa discursiva, pois há sempre alguém a pressupor: "aí, onde nada vejo, pressinto que exista algo".

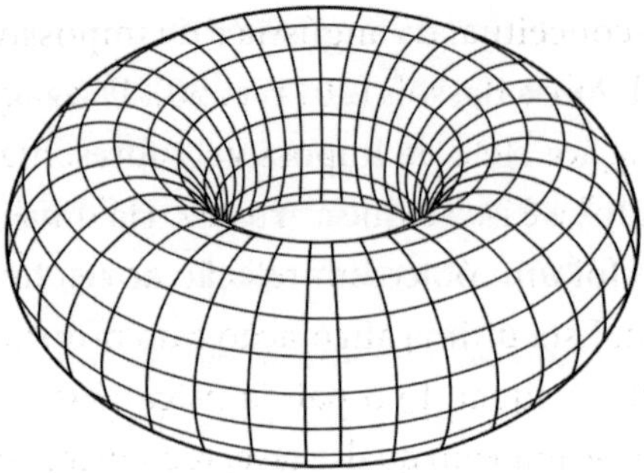

A figura toroide: metáfora do êxtimo lacaniano.
Fonte: *arte de Frederico Moreira.*

O que Lacan fez foi prosseguir nos passos de Freud, que nada via de causalidade – e, sim, de ilusão – numa situação fóbica. Está no corpo falante, nas entranhas do *falasser*, o exagerado da fobia: a imensa desproporção entre o que se passa de fato na realidade fora do corpo e neste; a discrepância entre um estímulo e uma resposta.

Os artistas podem ter a facilidade de sublimar seus medos e pânicos nas obras. Alfred Hitchcock, que tinha vários medos – entre eles, o de policiais, que surgiu a partir do episódio de sua infância em que seu pai pediu a um policial para prender o filho durante alguns minutos numa cela após uma peraltice –, soube muito bem localizar quadros fóbicos em seus personagens, a exemplo do clássico *Um corpo que cai (Vertigo*, Alfred Hitchcock, 1958), em que o policial que deixou o companheiro despencar sofre de acrofobia; *Os pássaros* (*The birds*, Alfred Hitchcock, 1963), com suas aves ensandecidas metaforizando a rivalidade de uma mãe com a pretendente de seu filho; *Quando fala o coração* (*Spellbound*, Alfred Hitchcok, 1945), em que um psiquiatra tem pavor do branco da toalha de mesa; e a conhecida casuística de Marnie, que tinha grande medo da cor vermelha e também dos raios (*Marnie, confissões de uma ladra/ Marnie*, Alfred Hitchcock, 1964).

O objeto a-conceitual da angústia é de impossível respresentação, conforme lembra Bassols (2011, p. 50). Faço aqui, porém, uma ligeira modificação: ele é de impossível "apresentação", mas pode ser "representado", e é isso o que a arte faz. Há uma menção clássica de Freud – que foi um fóbico em relação ao telefone, à morte e às viagens de trem. Esta última afirmação é do próprio Bassols (2011, p. 53), a respeito de quando o pai da psicanálise se estranhou no espelho do vagão-cabine no qual estava, reconhecendo por instantes, na superfície refletora, outro que não ele – seu próprio duplo. "Ali onde o sujeito se angustia, temos algo do *desejo* que certamente está em jogo" (Bassols, 2011, p. 55, grifos do original, tradução minha).[11]

Seguindo os pensamentos de Bassols, afirmo que o mundo contemporâneo cria táticas para evitar seus "objetos aterrorizantes". Isso tem a ver não só com sistemas governamentais e estratégias de segurança, mas também com um insistente movimento para se evitar e se rechaçar o outro, o estrangeiro, o imigrante, o "louco", o aparentemente diferente, uma vez que aquele que incomoda apresenta traços, sinais e signos que também residem no habitáculo *dentrofora* do sujeito aterrorizado. Ao mesmo tempo, esse outro é classificado, taxado, diagnosticado, rotulado, reduzido a um padrão de inferioridade, conforme o caso. O temor do outro, daquilo que vem de fora, apenas confirma a dificuldade de se dar conta daquilo que está dentro de cada qual, inseparável, indene a qualquer muro ou cerca – o Outro.

A globalização provocou e ressaltou novos sintomas culturais, enquanto permitiu ao sujeito particularizar vitimizações e medos em suas próprias bolhas existenciais: por exemplo, a vida artificiosa e aprisionadora dos condomínios fechados e os discursos totalitários da extrema direita que solapam vários países do mundo demonstram a

11 No original: "*Ahí donde el sujeto se angustia, ahí tenemos algo del* deseo *que está seguro en juego*".

ineficácia para se afugentar o outro, uma vez que este é sempre parte integrante da diversidade humana. Não se pode ausentar esse outro e é preciso aceitá-lo a partir de um processo sempre muito pessoal.

A falta da falta hodierna vem para assinalar a angústia de se ver cindido, jamais suprimido ou completado, empurrando-nos para o mais-gozar, para o consumismo desenfreado e para objetos que apenas tamponam o que por si só já transborda o tempo todo. Os sintomas da cultura apontam hoje a polarização de ideias inconsistentes que dividem povos. No consumismo e na intolerância, reside esse "objeto de gozo terrorífico", para empregar um termo de Bassols (2011, p. 70). Em suma: trata-se do *alien* que nos persegue no corredor da nave que, ao fim e ao cabo, descobrimos ser, ela toda, um enorme monstro do qual não conseguimos fugir, o que vai em conformidade com o pensamento da medievalista Claude-Claire Kappler (1986), quem já discutia que a angústia e o desejo formavam monstros.

Em vários contos populares, sobretudo naqueles semelhantes aos d'*As mil e uma noites*, costuma-se encontrar a figura de uma bruxa que deseja ardentemente determinado objeto. Então, ela prepara uma poção e a toma a fim de se transformar, por exemplo, em um animal, que, por ser pequeno ou alado, poderá efetuar um roubo sem ser notado. O que ocorre, invariavelmente, é que, ao retornar da metamorfose, a feiticeira não consegue seu corpo anterior tal qual era: resta sempre um elemento do animal em que havia se transformado (a pata de um pássaro, por exemplo, no lugar de um dos pés), ou, ainda, a mulher perde parte da vitalidade e se mostra enrugada e envelhecida (nesta temática, cito os filmes *Os vampiros/ I vampiro*, Mario Bava & Ricardo Fredda, 1956 e *Simbad e o olho do tigre/ Sinbad and the eye of the tiger*, Sam Wanamaker, 1977). A busca desenfreada por objetos impossíveis que refletem nossa não aceitação da castração consome, certamente, parte da energia proveniente da pulsão de vida. Este é também um dos efeitos desta sociedade que alimenta o consumismo voraz e a demanda por corpos impossíveis.

As inquietações que me impulsionaram a escrever este livro advêm do quanto o conceito de monstro, o qual ainda explanarei melhor, se alterou na história, sobretudo a partir do século XIX (sobre esta tópica do monstruoso, cf. Messias, 2022a). Trata-se de um movimento em íntima conexão com os avanços tecnológicos, desde a manipulação de espécies biológicas, indo dos hibridismos genéticos aos transgênicos, passando pela inserção de elementos no corpo humano (de órteses e próteses a substâncias químicas sintetizadas em laboratório e à nanotecnologia), além de toda a engenharia da robótica e da I.A., as quais propõem não apenas servo-robôs, mas igualmente duplicações do humano em um nível inimaginável.

Uma boa parte do que vivemos hoje foi fábula, anedota ou ficção científica algum dia. Se as maquinações e os desenhos que planteamos para o futuro se cristalizarão no plano ficcional ou se virão a se tornar a realidade cotidiana no porvir, não se sabe. Sempre há o lugar da especulação e do sensacionalismo, cada vez mais transformados no termo da moda, as *fake news*. Porém, as questões angustiantes que emergem na contemporaneidade não estão apenas pegando carona em momentos de delírio coletivo. Por exemplo, é uma constatação que há cada vez mais pessoas isoladas em "bolhas tecnológicas" dentro de suas casas e apartamentos, reduzidas a uma vida social mantida por conexões virtuais. Pode ser que, daqui em diante, este venha a ser o modelo de relações intersubjetivas preferido por nossa espécie. Entretanto, psicanalistas, psiquiatras, neurocientistas e outros profissionais se preocupam com aspectos do patológico que configuram esses comportamentos na atualidade.

Por sua vez, enceguecida pelo entusiasmo das conquistas do silício e da ubiquidade, boa parte do mundo desconsidera outra enorme fatia do globo que permanece alheia ao chamado "progresso científico". Esta se vê entregue à própria sorte em todo tipo de calamidades: conflitos armados, guerras civis, guerrilhas entre facções fanáticas, desnutrição, falta de moradia e epidemias. O que listei neste parágrafo representa também alguns dos terríveis marcadores do Antropoceno, conforme venho discutindo em meus trabalhos (cf. Messias, 2019a; 2020a; 2020b; 2020c; 2021a; 2021b; 2022a; 2022b; 2022c).

O cinema, desde sua origem, é uma lente imponente que nos permite vislumbrar o que intui o humano em seus movimentos por garantir a própria sobrevivência. Ao mesmo tempo, somos afetados pelo inconsciente e suas revoluções. O mundo das coisas, ao qual muitos também querem atribuir intencionalidade, não é, evidentemente, atravessado pelo inconsciente freudiano. Como ilustração, Mark Fisher cita o incômodo monólito de *2001: Uma odisseia no espaço (2001: A space odyssey,* Stanley Kubrick, 1968), cujas qualidades não naturais levantam suposições de ter sido criado por seres inteligentes de outra espécie (Fisher, 2018, p. 136), o que, em 2018, teve um equivalente realista no intrigante asteroide denominado "Oumuamua", gerador de várias hipóteses e artigos científicos contundentes que assinalavam um possível objeto artificialmente elaborado.

2. Revoluções da plasticidade

Desde o século passado, pelo menos, as tecnologias da comunicação têm contribuído significativamente para a alteração das concepções em torno dos traços mais característicos do ser humano: não apenas o sexo, o gênero, a orientação sexual, a etnia, a condição social, a percepção do tempo e do espaço, mas também o confuso caldeamento entre moral e ética – uma das balizas da herança humanista que pode se alterar rapidamente de um período a outro.

Vivemos relações tão intensas entre o homem-máquina, a máquina-homem e a máquina-máquina, que o conceito de intersubjetividade já não se restringe ao que se produz exclusivamente entre os seres de nossa espécie. Saliento que aqui não trato de "sujeito", mas de "subjetividade". Presenciamos formas de experiência que nos colocam em um vertiginoso processo de indagações: "o que é o corpo?", "o que pode o corpo?", "o que é o humano?", "para onde iremos?", todas elas imbuídas de um tom angustiante.

No final do século XVII, a máquina a vapor e a transformação da energia térmica em energia mecânica demarcaram a Primeira Revolução Industrial. A eletricidade, em meados do século XIX, facilitou a produção em série, assegurada pela crescente mecanização do trabalho no século anterior, e isso engendrou uma segunda revolução. A terceira nasceria no pós-Segunda Guerra, com a chegada da eletrônica, da cibernética, das tecnologias da informação e, em seguida, da comunicação e troca de dados pela internet, cujas bases se encontram nos anos 1960.

No século passado, o Projeto Manhattan, o Programa Espacial e o Projeto Genoma permitiram grandes saltos científicos e tecnológicos, quando palavras como "bioinformática" e "bioética" passaram a fazer parte das discussões laicas e midiáticas. Porém, a agilidade com que essas transformações se operam na cultura não permite a absorção de tudo o que é novo por todas as gerações que coexistem em um mesmo período, tampouco o acesso ao tecnológico se dá de forma igualitária para todos os povos. Ainda que comumente se nomeiem os aparatos e sistemas que chegam até nós de "novas tecnologias", estes não passam de consequências da própria infraestrutura da revolução digital desde há algumas décadas, a qual serve de esteio para o panorama em que estamos.

Neste contexto, a psicanálise freudo-lacaniana serve como um operador analítico e um reflexivo parceiro para uma abordagem semiótica voltada à imagem, com destaque para o cinema e as séries televisivas. Entretanto, são tão múltiplos os nossos recursos expressivos, que estes se interpõem e se interpelam a todo instante, de maneira que, ao se tratar de um filme, desdobra-se uma mesma mirada sobre outros produtos correlatos e sobre outros campos do saber que atuam como colaboradores em uma pesquisa.

Para alguns (cf. Schwab, 2016), já vivemos a Quarta Revolução Industrial, consequência da terceira, iniciada pelo computador: esta é a época dos *wearables*,[1] da impressão em 3D, da I.A. cada vez

1 *Wearables* são dispositivos tecnológicos multitarefas usados como acessórios e que podem ser "vestíveis": é o caso dos *smartwatches*, focados em monitorar a saúde, e as e *smartbands*, para pagamento de compras via aproximação.

mais difundida (robôs domésticos e drones ultraespecializados), do ChatGPT, da internet das coisas (IoT), do multimapeamento corporal para diagnósticos completos, dos avanços da biocibernética nos implantes de tecidos e membros, das conexões neuronais para a reabilitação de funções perdidas, das cidades operadas por sensores eletrônicos, da edição e reedição genética, das empresas localizadas "em nuvem", da exploração de recursos naturais fora do planeta, dos sistemas ciberfísicos de automação de fábricas. Este é também um mundo de ameaças inusitadas: ciber-ataques, documentos, objetos e espaços cada vez mais hackeáveis, midiatização e publicização de atos terroristas, máquinas inteligentes cada vez mais independentes do humano, assunção de corpos super-heroicos (e superegoicos) e igualmente da chamada "biodesigualdade": ou seja, a medicina de ponta é um benefício para poucos. Por um lado, temos uma longevidade populacional sem precedentes – em vários países, gerações poderão ultrapassar os 100 anos de vida – e, por outro, emergem patologias sociais específicas da época (a exemplo do isolamento e do autoflagelamento de adolescentes que passam seu tempo em redes e jogos virtuais, e de variadas fobias voltadas ao maquínico e ao tecnológico).

Este estado de coisas leva a uma palavra muito empregada recentemente: plasticidade. O corpo que se modifica rapidamente pela tecnologia contemporânea é apenas um dos reflexos da capacidade plástica e adaptativa do humano. Cabe estender o uso desse significativo termo para todo o projeto da espécie humana, ainda que a plasticidade não seja uma exclusividade *sapiens*. Com isso, sugiro denominadores comuns à nossa espécie e a outras que com ela conviveram, ou que até mesmo a antecederam. É notório como a visão sobre o ser humano se alterna a cada instante, com relevância para as últimas duas décadas: muito se acrescentou, de 2006 em diante, sobre nossa paleo-história mediante achados hipodigmáticos, a ponto de alguns pesquisadores quererem colocar em xeque a afirmação, bem assentada por décadas, de que surgimos exclusivamente no continente africano.

Em primeiro lugar, há que se pensar que a plasticidade, em um primeiro patamar de abordagem, abrange os programas genéticos de diferentes formas de vida, permitindo que espécies se fundam ou se separem, modifiquem-se e sofram mutações, as quais, produzidas ao acaso e, neste sentido, pré-adaptativas (Sánchez et al., 2013, p. 126), podem se tornar características dominantes ou transitórias. Neste último caso, assinalam até mesmo a extinção de uma dada espécie.

Pode-se inferir, no caso humano, que a formulação genética se soma à vicariância – à possibilidade de separação geográfica entre espécies, imposta muitas vezes por descontinuidades no ambiente físico – e à hibridação entre espécies próximas (por exemplo, dos *sapiens* e dos neandertais; cf. Messias, no prelo), gerando semiespécies ou superespécies. Apoio-me, para desenvolver este primeiro pensamento em torno da plasticidade, em observações que o pesquisador espanhol Antonio Rosas (2016, p. 47) propôs no âmbito estrito da pré-história e da busca de nossas origens filogenéticas.

Entendo que a plasticidade, hoje resultante também do emprego da alta tecnologia a favor do humano, tem um ponto de partida biológico. Somos uma espécie desde sempre tão plástica e tão afeita à conectividade que nossa próxima parada implica a colonização de outros orbes. Ecologicamente, saímos das florestas e savanas africanas, mas agora nos expandimos para fora do planeta, atingindo, quiçá, em décadas futuras, processos de conformação evolutiva jamais esperados – caso não nos destruamos até lá.

Há ainda dois outros pontos em que me sustento para tratar da plasticidade: o primeiro deles propõe a ideia de evolução em mosaico. Conforme defende Rosas (2016, p. 59), esta teria a ver com a copresença de caracteres primitivos e derivados, descartando qualquer reminiscência darwinista de evolução retilínea e progressista. Isso o autor atribui ao próprio programa de desenvolvimento dos *H. erectus*, que parece ter nos herdado um gatilho adaptativo altamente plástico, a começar pela domesticação do fogo – amplamente atribuída àquela espécie. Os primeiros representantes do gênero *Homo* devem ter surgido por volta de 2,5 milhões de anos atrás, e a escalada da hominização rumo ao que se considera o *sapiens* moderno foi muito lenta do ponto de vista do tempo humano. As opiniões divergem sobre o que de fato fez emergir o *Homo*: para alguns, foi a criação da indústria lítica e o consumo de proteínas animais; para outros, a evolução cerebral (cf. Messias, no prelo). Entretanto, possivelmente alguns australopitecos já fabricavam ferramentas (cf. Rosas, 2016).

No que tange à linguagem, descobertas a têm atribuído também aos neandertais, abrindo-se aqui uma espécie de primeira ferida narcísica no meio *sapiens*, antecedendo cronologicamente as três postuladas por Freud (com Copérnico, não seríamos o centro do universo; com Darwin, seríamos resultado da evolução natural, e não o pináculo da criação divina; por fim, com o próprio pai da psicanálise, não seríamos senhores em nossa própria casa, uma vez que ignoramos boa parte do saber inconsciente que nos move). Afinal, se os antepassados dos europeus adornavam os corpos com pigmentos, contas e penas e possuíam interessantes rituais funerários que indicavam a busca de uma certa transcendência, eles não seriam de forma alguma desprovidos da linguagem simbólica. E devido ao seu considerável universo cultural, membros de grupos neandertais provavelmente se comunicavam por meio da oralidade (Rosas, 2016, p. 97).

A já conhecida hibridação entre neandertais e *sapiens* também ressalta a plasticidade entre as espécies do gênero *Homo*. Rosas levanta ainda a suspeita de um antepassado comum a neandertais e *Homo sapiens* igualmente apto à fala, já que a similaridade entre as duas espécies citadas leva a crer que tiveram um arcabouço plástico linguístico proveniente de outro viés. Em 2018, arqueólogos alemães do Instituto Max Planck de Antropologia Evolucionária constataram que ossos descobertos em 2012, em uma caverna siberiana, eram evidências de um humano híbrido, resultado do acasalamento entre neandertais e hominídeos de Denisova. Os restos são de uma menina de 13 anos que teria vivido há mais de 50 mil anos, denominada "Denisova 11", filha de indivíduos de dois grupos distintos. Desta maneira, quebra-se uma longa tradição que nos assinalava como o ponto mais alto do aprimoramento biológico, jogando-nos para um nubloso corolário de interações entre espécies. Pode ser que já tenhamos surgido com uma programação para a linguagem, o que nos teria sido transmitido por outros agrupamentos humanos. Assim, nossa plasticidade, sobretudo tecnológica, teria remotíssimos antecedentes, em vez de ser uma exclusiva "invenção" de nossa parte (cf. Messias, no prelo).

Até aqui, ative-me ao que chamei de uma primeira abordagem para o conceito de plasticidade. Esta palavra também é empregada no campo neurológico e neurocientífico para dizer da capacidade adaptativa do cérebro humano. O que ocorre é que muitas das abordagens neurocientíficas, tão profusas quanto confusas, ignoram o longo esforço psicanalítico para se balizarem as questões em torno do sujeito no escopo freudo-lacaniano. Daí o sistema nervoso ganha proeminência em tentativas de se definirem biologicamente alguns dos fenômenos socioculturais mais pertinentes, como a violência excessiva e o terrorismo, por exemplo.

O movimento investigativo de estudiosos de abordagens cognitivistas, por exemplo, quase sempre surge da intenção de se explicar o homem hodierno a partir de determinadas alavancas biológicas e, para tanto, a aproximação com o que se passa em outras espécies é uma estratégia muito comum. Os exemplos dados empurram-nos para equiparações e analogias ao que se passa a chimpanzés, orangotangos, bonobos, gorilas e ratinhos. Do ponto de vista zoopaleológico, as argumentações são interessantes. Porém, quando a finalidade é dar conta da complexidade da cultura, muitos trabalhos rodeiam um sem-fim de exemplificações e de mapeamentos cerebrais e parecem não avançar muito. Por exemplo, certos traços xenofóbicos do homem moderno são atribuídos à desconfiança atávica que nossa espécie apresenta perante desconhecidos, o que parecia assegurar, nas primeiras hordas e tribos, estabilidade e segurança – segundo alguns pesquisadores. Grupos de primatas antropomorfos são igualmente exemplificantes nesses estudos, quando a reorganização cerebral se torna uma chave interpretativa para se levar adiante pensamentos sobre a sociabilização e a violência. Ocorre de o olhar científico se fazer diretamente à constituição morfofisiológica do cérebro (Sánchez, et al., 2013, p. 27 passim). Para tanto, lança-se mão da genética e, mais ainda, da epigenética, em busca da justificativa para a agressividade humana, ainda que se reconheça a necessidade de se estudar permanentemente a influência cultural como um elemento contribuinte (Sánchez et al., 2013, p. 36).

Tomo a obra anteriormente citada, produzida em cooperação entre vários pesquisadores ligados às neurociências e à psiquiatria, como ilustrativa do que aqui critico. A tentativa de se responder à pergunta que dá título ao livro catalão, *Somos uma espécie violenta?* (em português), percorreu caminhos um tanto repetitivos, em que se somam à abordagem cognitivo-comportamentalista as estatísticas de estudos de amostragem social. O desejado entrelaçamento entre biologia e cultura se evidencia, neste caso, a partir do ponto de vista da análise de dados empíricos obtidos em pesquisas que ignoram o sujeito, sempre a favor da chamada evolução cerebral. O cérebro, assim como ocorria no século XVIII, continua a ser um órgão triunfante, de exposição gloriosa, no qual parecem residir os segredos da civilização, como se o restante do corpo e, mais do que isso, como se a interação entre os sujeitos, não contassem. Tudo se resume à genética, à cognição e ao comportamento. É por isso que determinados pesquisadores chegam a afirmar que há componentes biológicos que favorecem comportamentos criminosos, geralmente ligados à impulsividade e ao temperamento, em correlação com a bagagem genética (Sánchez et al., 2013, p. 47), e isso é uma forma de se casar a genética com o ambiente, dualismo que perdura desde o século XIX e que pode facilmente ser questionado a partir do conceito de singularidade inerente a cada sujeito. Além de tudo, sabe-se que a justificação de determinados comportamentos com bases fisiognomônicas ou em supostas heranças genéticas, por exemplo, abre campo para os perigos da eugenia que, daqui e dali, emergem em ideologias de governos de extrema direita mundo afora.

A ideia de genoma, por sua vez, traz em si um brilho fálico: mudanças comportamentais são atribuídas a mutações de genes, os tais favorecedores da seleção natural. Da mesma forma, a rede de neurotransmissores e os hormônios são invocados quando se trata de falar do "sexo agressivo" (o masculino) (Sánchez et al., 2013, p. 63). A contribuição mais importante do grupo que redigiu o livro em questão se dá quando se entra no campo da plasticidade, especificamente da plasticidade neural do cérebro, a qual tem a ver com a reversibilidade das modificações epigenéticas, revelando, apesar da abordagem muitas vezes de cunho um tanto determinista, que há algo mais que sói ser ignorado. Uma das perguntas que aqueles cientistas em questão se fazem é se o ambiente é capaz de modificar a estrutura cerebral em relação aos comportamentos (agressivos, por exemplo). As alterações epigenéticas do genoma, denominadas, em seu conjunto, de "epigenoma", têm, para eles, algo a ver com o controle da vida social (Sánchez et al., 2013, p. 69), mas suas exemplificações sobre casos de traumas e violências como fundamentações empíricas não são satisfatórias. Dizer que "a base genética da violência se encontra sobretudo na agressividade como comportamento instintivo" (Sánchez et al., 2013, p. 71, tradução minha)[2] não soluciona muita coisa. Porém, parece que a violência com suporte biológico se valida, para aquele grupo de estudiosos, no fato de haver uma origem genética para a agressividade e um comportamento intencional para a violência. A ciranda terminológica que empregam

---

2 No original em catalão: "*la base genètica de la violència es troba sobretot en l'agressivitat com a comportamento instintiu*".

não tem fim e, não por acaso, citações de definições oriundas de dicionários são muito frequentes na obra que aqui critico. Quando se afirma que uma pessoa que sai de uma relação afetiva em que veio a sofrer violência de gênero tem mais probabilidade de passar por aquele mesmo tipo de violência em outras relações como consequência de um cabedal adaptativo de cunho biológico (Sánchez et al., 2013, p. 72), subtrai-se o evidente lugar que o conceito de gozo, em Lacan, aí teria, conceito este capaz de explicar aquilo que insistentemente recebe um apelo quase mágico por parte da biogenética.

Outra contribuição fundamental para explicações atribuídas exclusivamente ao campo neurológico seria o já mencionado conceito lacaniano de êxtimo – de onde minha defesa de que um possível trabalho conjunto entre psicanálise e neurociências poderia ser muito produtivo apesar da necessidade de se estabelecer parâmetros para análises conjuntas (cf. Messias, 2022b). Em vez disso, insiste-se na dupla avaliação-reação ou em componentes endócrinos (Sánchez et al., 2013, p. 96) para se pensar a complexidade humana. O conceito freudiano em torno da pulsão, no livro em questão, ficou reduzido a uma crítica mal fundamentada de seis linhas, enquanto foram realçadas as bases biológicas hereditárias de nossos antepassados (Sánchez et al., 2013, pp. 128-129). Outro exemplo, também dado pelo referido livro, é o do canibalismo: há vestígios de que o *Homo antecessor* (750 mil anos atrás), o *Homo erectus* e os neandertais praticavam a antropofagia (Sánchez et al., 2013, pp. 128-129). É claro que a violência nos acompanha como espécie. E parece que agressividade e violência podem ser entendidas como formas adaptativas para a sobrevivência dos seres vivos. Entretanto, não se pode ignorar a linguagem simbólica como marca do humano, a exemplo das figuras rupestres pré-históricas que representam atos violentos. Fazer uma conexão imediata todo o tempo com o biológico me parece restritivo demais: da mesma forma, por exemplo, poder-se-ia justificar a homossexualidade humana como de origem biológica, já que muitas outras espécies animais a têm, porém, isso seria, em vez de alentador, absolutamente redutor para o campo dos estudos de gênero.

No âmbito exclusivo dos estudos sobre a violência, o que a faz ser uma tônica nas questões da ordem do dia não é prioritariamente a herança filogenética, ou, do contrário, seríamos sempre títeres dos ditames da biologia. O que colaboraria para se entender melhor a imensa redução da capacidade de simbolização de certos grupos e sociedades – o que, em grande medida, aumenta a frequência de passagens ao ato violentas –, seria a aplicação de conceitos psicanalíticos como o Nome-do-Pai, o falo, o mais-gozar etc. Para além de se pensar sobre um possível gene do altruísmo ou de se buscar, em uma linhagem de mamíferos sociais, nossa propensão à vida gregária, cabe estudar o que nos faz viver o mal-estar civilizacional e por que essa característica é tão específica de nossa espécie, a única capaz de erigir monumentos e lançar naves espaciais (cf. Messias, 2022b).

O consumo de álcool, do cigarro e de outras drogas, o fato de se ter sido vítima de violência física ou, ainda, a exposição a violências comunitárias, à guerra ou ao terrorismo, podem induzir a alterações significativas quanto à plasticidade cerebral e quanto ao nível de funcionamento de determinados genes mediante mecanismos epigenéticos (Sánchez et al., 2013, p. 162). É por isso, afirmam os pesquisadores, que alguns violentadores teriam tido um passado como vítimas de abusos e maus-tratos. Defende-se que, na infância, o cérebro de sujeitos violentados pode ser alterado de tal maneira que isso desencadeia comportamentos inesperados (Sánchez et al., 2013, p. 181); da mesma forma, um raciocínio semelhante seria empregado para se explicar biologicamente a pedofilia, uma vez mais reforçando-se ideias de base zoológica a partir de exemplos de primatas (especificamente os bonobos, que, segundo os pesquisadores, também apresentam comportamentos sexuais entre indivíduos adultos e não adultos), o que parece comprovar uma forte base neural presente (Sánchez et al., 2013, p. 188). Da mesma forma, os pesquisadores supõem que o cérebro seja o responsável pelo desenvolvimento de personalidades propensas ao terrorismo devido a más influências recebidas por jovens, justo num período da vida em que o sistema nervoso está mais susceptível às impressões do ambiente. Tais explicações, ainda que imbuídas de boa-vontade e tendo pesquisas como respaldo, me parecem insatisfatórias para darem conta da ampla problemática em que a humanidade mergulhou.

3. A condição humana como monstruosidade

Há, certamente, narrativas cinematográficas que desejam representar o universo do pós-humano. Porém, o que hoje se discute no âmbito artístico e científico não é apenas consequência dos movimentos civilizacionais que se deram a partir da Revolução Industrial, como se a história pregressa em nada importasse. O Antropoceno, como tenho discutido em outros trabalhos (Messias, 2022c, no prelo), veio a emergir a partir também de um projeto de vida sedentário de nossa espécie. Enquanto determinados neurocientistas querem descobrir em que parte do cérebro um comportamento "x" se dá por meio de conformações epigenéticas, não se pode esquecer que as mais antigas narrativas do humano tratam de um refinamento linguístico que indica um sujeito singular. As descobertas arqueológicas, muitas por acaso, são sempre preciosidades em museus abertos que expõem cristalizações do tempo e da matéria.

Há cerca de 32 mil anos, em Chauvet, na França, homens do Paleolítico desenhavam nos muros de uma enorme caverna: antes, porém, tinham por costume lixar as superfícies, aparar as arestas e aproveitarem-se das formas e texturas geológicas para os efeitos imagéticos desejados. O diretor alemão Werner Herzog (*A caverna dos sonhos esquecidos/ Cave of Forgotten Dreams*, 2011) foi autorizado a dispor de apenas uma hora e acompanhado por uma diminuta equipe a fim de registrar painéis magníficos dessa caverna, muitos deles feitos por um mesmo artista, cujo dedo mindinho torto ficou impresso do início ao fim das galerias, espécie de assinatura da palma da mão que demonstra algo da singularidade de alguém cheio de expertise e encantado pelo mundo ao qual pertencia.

Aquela região da atual França era uma zona em vale e ladeada por geleiras muito espessas. Naquele corredor ecológico, conviviam bisões, rinocerontes, leões, ursos, hienas, cervídeos e equinos – uma enorme massa biológica. Quando as imagens rupestres que chegaram até nossos dias são vistas à luz de lanternas especiais, consegue-se imaginar o efeito que as antigas tochas causavam: na escuridão, elas eram empregadas por nossos antepassados para que tivessem um resultado que, hoje, é comparado até mesmo a uma espécie de protocinema. Um bisão de oito patas ou um rinoceronte com sobreposição de chifres dava a entender um complexo direcionamento imagético que causava a ilusão do movimento. Da mesma forma, a metade de um corpo feminino, espécie de vênus paleolítica, se apresenta em certa saliência de rocha, em imagem casada com a de um bisão que, segundo os cientistas que participaram do documentário, poderia ser uma ideia ancestral de mitos como o do Minotauro. Não, há, portanto, como reduzir esses homens ditos pré-históricos à "selvageria" e desprovê-los de qualquer senso estético e de imaginação. Aqueles desenhos, assombrados pelos retratos cheios de estilo e de originalidade de animais já extintos e que hoje nos parecem tão instigantes, são uma ligação inquestionável com nosso mundo: apresentam-se como indícios da maneira como integrantes de nossa espécie se portavam no planeta há milênios (cf. Messias, no prelo).

O cinema, desde seu início, mostrou-se uma arte e uma mídia muito afeita e receptiva às tecnologias. Desde os anos 1990, isso tem sido elevado a um patamar impensado: *Toy Story* (John Lasseter, 1995) é considerado o primeiro filme feito por computador, enquanto *Avatar* (James Cameron, 2009) retornou com uma velha invenção: o 3D. Não só os filmes em grandes e médias telas ganharam cada vez mais espaço, mas também o entretenimento das pequeninas telas, como as dos celulares e *tablets*. A confluência midiático-tecnológica reflete alterações que se operam no interpessoal e na maneira como nos vemos e entendemos o mundo (como em *Mensagem para você/ You've got mail*, Nora Ephron, 1999 e *Closer – perto demais/ Closer*, Mike Nichols, 2005, por exemplo). Tem-se uma produção audiovisual de tendência metalinguística, e a demonstração disso são filmes como *10.000 Km* (Carlos Marqués-Marcet), *Linda juventude/Hermosa juventud* (Jaime Rosales) e *Open windows* (Nacho Vigalondo), todos de 2014, que se abriram para possibilidades contemporâneas do audiovisual: assim como a sonorização alterou a maneira como os filmes eram apreciados, aplicativos como o WhatsApp, o Instagram e o TikTok também colaboraram para confundir linguagens, em uma sociedade em que cada um pode criar seu próprio filme e seu próprio romance a partir de fotos, vídeos e textos escritos.

A tecnologia, demasiadamente humana

A tecnologia, em certo sentido, é um *Umheimliche*, ao ter como característica um tipo de orientação entre-lugares, não se interpondo totalmente desde fora, tampouco vindo de dentro apenas. Ao mesmo tempo, ela ajuda a compor o humano, não existindo aqui nenhuma dualidade: muitas vezes, não há o que é do humano e o que é do tecnológico; o segundo é consequência do primeiro; faz parte de sua constituição e o conforma enormemente. Mas, ainda assim, a tecnologia nos causa um estranhamento forte: seja por meio dos aparatos externos, seja por implantes ou nanorobôs – todas as intervenções tecnológicas anunciam um mais além que não se decifra em uma primeira instância. Ao mesmo tempo que nos auxiliam, elas pontuam aquilo que não deveria estar ali, o que falta, o que sobra.

A tecnologia nos facilita a vida, ao mesmo tempo em que não nos faz sentir senhores em nossa própria casa. Ela é falha porque deve ao humano. Trata-se de um maquinário frutificado pelo inconsciente e, como tal, obedece às suas leis, inclui a pulsão de morte e induz ao gozo. Nela, há muito de estranho e de aterrorizante e, quando aponta o exterior, é no sentido atribuído por Mark Fisher (2018, p. 13): um externo não empírico, mas abstrato, rumo ao transcendental.

No afã por compreender o mundo, construímos olhos e ouvidos gigantescos – os telescópios, as sondas, os sonares –, que sonham desvendar um buraco negro, por exemplo. Nada mais aterrorizante e formidável do que esse colosso astronômico, posto que incompreensível, incomensurável, inatingível. Um dos que mais conseguiram formatar a sensação do arrebatamento pelo grandiloquente misterioso foi Lovecraft em seus contos. Neles, reside muito do mal-estar específico do autor a partir de sua experiência na Primeira Guerra, em que o trauma emerge como espécie de "comoção transcendental" (Fisher, 2018, p.28). Segundo Fisher, os personagens lovecraftianos sofreriam de um tipo de loucura consequente da comoção produzida com o exterior. A pulsão de morte, pensando-se lacanianamente junto a Fisher, teria aí uma estranha geometria a perpetuar o desejo de maneira infinita, uma vez que este jamais atingiria um objeto de satisfação (Fisher, 2018, p. 39).

Desses apontamentos, chego à consideração de que as tecnologias afirmam a monstruosidade da condição humana: diferentemente dos demais seres orgânicos, nossa capacidade específica de fazer uso da linguagem e da criação simbólica nos impeliu a um mundo de assombros. Somos esquisitos pelo fato de termos a percepção de que algo não nos está bem, ou que está, muita vezes, além ou aquém, apontando um fora de lugar tão específico à nossa espécie:

> *a condição humana há de ser grotesca, pois o animal humano é o único que não se encaixa, monstro da natureza que não tem lugar na ordem natural e é capaz de reutilizar os produtos da natureza para dar a eles novas e horrendas formas. (Fisher, 2018, p. 43, tradução minha)*[1]

As tecnologias de hoje, como as de ontem, permanecerão, ao olhar da semiótica psicanalítica, como rasgos e traços de uma civilização que estranha a si mesma, da qual alguns bons exemplos são "megaobjetos" como Stonehenge ou a própria Ilha de Páscoa, ou mesmo artefatos que intrigam arqueólogos, provenientes de culturas muito antigas. Pode-se pensar, aqui, em uma semiótica do aterrorizante e do estranho, quando se buscará desvendar os signos de uma espécie que se confundiu em si mesma e cujas manifestações inconscientes restaram gravadas em simulacros. Possivelmente, os corpos fossilizados encontrados em um futuro muito distante virão carregados de componentes inorgânicos e metálicos, fiações e conectores sintéticos, para a análise de cientistas que talvez olhem para o estado de hibridismo do humano de nossa época como algo imbuído de intenso primitivismo e precariedade. Ainda assim, é possível que, nesse fictício porvir, a tecnologia ultra-avançada não seja menos impactante, pois, ao fim e ao cabo, ela sempre dirá de uma presença e de uma ausência, do limitado e do impossível.

---

1 No original: "*la condición humana ha de ser grotesca, pues el animal humano es el único que no encaja, el monstruo de la naturaleza que no tiene lugar en el orden natural y es capaz de reutilizar los productos de la naturaleza para darles nuevas y horrendas formas.*"

Certa linha da antropologia considera que o horror tem origem biocultural, evocando a velha assertiva de que trazemos em nós medos atávicos comuns aos primatas: por exemplo, é o caso do temor da perda, total ou parcial, do corpo e de suas funções mediante mutilações, extermínios, mutações e decomposição. Ainda que, para mim, uma base filogenética do medo seja pouco suficiente para explicá-lo em sua multiplicidade sintomática na história de nossa espécie, atenho-me a esta suposição antropológica como um ponto de partida. A atualidade está povoada por novas doenças e enfermidades, pela insegurança por conta do terrorismo, pela ameaça de guerras químicas, por alimentos de origem incerta, pela xenofobia e pela desconfiança em relação ao desconhecido. Ainda assim, uma boa parte do que se sente nesse mal-estar civilizacional é de origem totalmente imaginária. Somos uma espécie que tem dado vida aos medos para conseguir falar deles, e aí está uma função importante da arte, transformando a insegurança que coteja o real em monstros da ficção.

Há medos muito universais, os quais se ligam à fantasia do esfacelamento do corpo, este em alta dependência do narcisismo do sujeito para ser significado. A esses temores comuns a todos, agregam-se os que são próprios da época em que vivemos. Todos eles derivam, de certa forma, do medo basal de não mais existir, e é disso que também venho tratando neste texto. Parágrafos atrás, mencionei que as pinturas rupestres estão demarcadas por visões que traduzem a violência física e a presença de seres fantásticos, híbridos entre animais totêmicos e nós: a força cinemática de gravuras pré-históricas dependia do efeito luminoso – o velho jogo de luz e sombra para proporcionar a sensação de movimento, e daí em diante se contar uma história.

Infiro que o medo de ser devorado ou de ser atacado por um animal selvagem representava algo maior do que apenas uma mera reação protetora de um indivíduo para consigo mesmo e para com sua espécie. Nossos antepassados de fato nos deixaram narrativas naquelas primeiras cartilhas, ou seja, nas paredes escuras de cavernas calcárias europeias. A composição da singularidade humana, portanto, parece fazer-se a partir de suas verdades ontológicas, as quais variam conforme a época, mas sempre se mostram conformadas por elementos antagônicos e adversos. Por isso, o medo humano é diferente do medo que outros animais demonstram frente às ameaças reais: para além de operações nos circuitos cerebrais e de uma partilha de comportamentos similares aos de outros mamíferos, somos seres de imaginação – este presente dúbio que a linguagem nos herdou. Não fosse isso, jamais teríamos deixado gravada em pedras a convivência nem sempre pacífica com tigres-dente-de-sabre e hienas famélicas. Por conseguinte, aqueles humanos pré-históricos temiam o real da aniquilação por um predador, mas, paralelamente, elevaram essa percepção ao reino ficcional. Ninguém pinta um urso só porque tem medo de que ele o devore.

Assim, chego ao horror dito moderno, que, em parte, é a história do que aconteceu conosco quando parte da civilização ocidental decidiu que Deus estava morto: a literatura gótica é um exemplo disso, bem como as fantasmagorias dos séculos passados que entretinham as pessoas em rodas de salões e em teatros macabros. O temor do julgamento divino e da perda da própria alma migraram para o pavor perante as reações agressivas que nosso semelhante poderia ter para conosco: se já não havia mais vida após a morte, teríamos de nos ater firmemente à penosa mortalidade. A existência humana passou, no caso de certas ficções de horror, a perder os sentidos que antes tinha, e isso se evidencia muito bem nos contos de Edgar Allan Poe, por exemplo.

O horror na contemporaneidade continua a abordar as grandes questões do humano ao trazer às telas releituras de narrativas mitológicas. Pode-se dizer que a dupla "a bela e a fera", revivida em *A forma da água* (*The shape of water*, Guillermo del Toro, 2017), por exemplo, trava um íntimo diálogo com a misteriosa vênus da caverna de Chauvet, cuja metade inferior do corpo tem algo a ver com um bisão que lhe surge logo ao lado. No pós-apocalíptico *A estrada* (*The road*, John Hillcoat, 2009), pai e filho vagam pelos Estados Unidos, onde o horror se centraliza no extermínio do corpo físico e da própria espécie, em consonância a uma vasta gama de títulos de mesma temática.

Criticado por reforçar na ficção aspectos de uma doutrina conservadora, o horror faz mais do que valorizar certas normas do bem-viver e suas condutas adequadas (a exemplo de não falar com estranhos, não sair à noite por lugares escuros e de aparência nefasta, não entrar em cemitérios e casas abandonadas, não cometer infrações, dar crédito à sabedoria dos mais velhos, respeitar placas indicativas do tipo "proibido ultrapassar", "área restrita", "território particular" etc.). E ainda que, em uma narrativa, pessoas e lugares desconhecidos sejam agradáveis, é possível que, por trás da beleza, se esconda alguma artimanha tenebrosa. Por isso, o horror está muito além de predicar a regularização das normas sociais.

Nos tempos atuais, o lugar que muito antes era ocupado pelo numinoso foi tomado pelas urgências do desnorteante Antropoceno, a exemplo das mudanças climáticas, das mutações genéticas causadas por intervenções humanas e das grandes migrações de pessoas. A assepsia dos laboratórios de inteligência artificial e das experiências cibernéticas pode ser muito perturbadora: nesses ambientes, promete-se a criação de máquinas que nos mirarão, criticando nossa espécie em suas fraquezas ou, então, nosso continuado medo de pandemias e de repentinas mutações viróticas. O mal-estar está por toda parte: tanto nos ambientes hermeticamente fechados e livres de contaminação dos centros de pesquisa como nos paupérrimos bairros das grandes cidades latino-americanas e africanas.

No cinema de horror, tem-se, muitas vezes, nos enredos, um planeta hostil e hostilizado, mapeado pela ficção que intui, por suas formas e temas, um porvir cada vez mais incerto. O cinema, portanto, pontua, agenda e redistribui nossos medos. Ele nos impele que os vejamos e urjamos readaptar-nos enquanto podemos, ainda que muitas vezes não haja solução razoável. O embate entre a humanidade e algo que aparentemente não pertence a ela, a exemplo de uma ameaça alienígena, reforça o poder ilusório e desviante de todo enredo de ficção. No fundo, estamos sempre a tratar de nós mesmos, travestidos nos monstros que criamos. Todo sentimento de horror dito universalizado é uma desculpa para evitarmos uma mirada direta sobre nossa condição singular, seres falantes tão estudados por Jacques Lacan: para além dos objetos e seres sencientes que nos rodeiam, ainda trazemos especificidades que não conseguimos transmitir a não ser para nós mesmos.

Uma espécie sempre trans

Os ciborgues não são mais uma presença na ficção científica apenas. Eles já caminham entre nós, demonstração do quanto as transformações socioculturais se anunciam vertiginosamente pelo corpo. Para se atender às novas exigências de adequação e reconhecimento público, têm sido organizados grupos para congregar pessoas que não se sentem totalmente humanas e, por isso mesmo, elas se denominam transespécies. Nesse contexto, somos uma espécie híbrida e artificial rumando às mais inquietantes misturas, desde que desenvolvemos a linguagem simbólica em algum momento obscuro de nosso passado pré-histórico. Esta, por sua vez, tem sido trabalhada em um longo e complexo processo epigênico em torno de estruturas biológicas e sociais. Portanto, o sujeito semiótico sempre debordou, extravasou e extraviou signos, levando-os a um plano surpreendente de possibilidades culturais.

O *Homo sapiens* é uma espécie *trans* desde sempre: estamos o tempo todo nos deslocando, deslocando-nos de nós mesmos e deslocando-nos em nós mesmos. Nossos corpos mudam e transmutam a cada dia e não é possível autoafirmar-se isso ou aquilo com base numa suposta integridade auferida pelo biológico. E para além de qualquer dogmatização religiosa, a linguagem é o que nos atravessa e nos faz caminhar. Com ela, somos arremessados indelevelmente no campo das transformações subjetivas e sociais. Assim, vemo-nos como seres impermanentes, paradoxais, antagônicos, deslizantes.

É deste raciocínio que chego a uma figura emblemática do panorama biotecnológico: o artista Neil Harbisson, reconhecido pelo governo britânico como ciborgue. Ele nasceu com acromatopsia, ou "cegueira das cores", e, desde 2004, criou, com colegas de final de curso, uma antena que lhe foi implantada no crânio para que pudesse perceber as cores em vibrações sonoras e, desta forma, deixasse de captar o mundo apenas em escalas de cinza. Além disso, seu "corpo estendido" dispõe hoje de conexão à internet e detecta radiações ultravioletas e infravermelhas. Em uma entrevista, Harbisson informou que a suposição das pessoas sobre o que ele trazia projetado do alto da própria cabeça, ou até mesmo a respeito do que ele seria, foi variando com o tempo: luz para leitura, microfone, câmera GoPro, pau de *selfie* e Pokémon fizeram parte das interpretações que ele veio a receber.

Chegará o dia em que indivíduos como Harbisson não serão vistos com tamanha curiosidade e estranhamento: simplesmente cruzaremos as ruas, sem espanto algum, junto a seres munidos de tecnologias muito variadas, como se habitássemos um daqueles reinos de *Star Wars* por onde convivem criaturas de inusitadas constituições. E, de fato, se conseguíssemos voltar um século com os aparatos que hoje empregamos em nosso cotidiano, os homens do passado nos olhariam muito intrigados.

Artifícios adjungidos ao corpo, entretanto, não são novidade. Eles advêm não só das próteses e órteses, mas ainda de muito antes: das primeiras ferramentas que serviram aos nossos ancestrais como extensões de um corpo limitado e desnudo. Além da externalização física de várias modificações, sofremos, há um bom tempo, intervenções invisíveis por meio da ingestão de medicamentos, de implantes e transplantes, de inserções, enxertos, suturas e extrações, tanto macro como microscópicas.

Desde 2010, Neil Harbisson criou a Fundação Cyborg com a finalidade de reunir e ajudar as pessoas que não se sentem totalmente humanas no sentido clássico. No site da Fundação, existe uma espécie de declaração dos direitos dos ciborgues, a qual pode ser resumida da seguinte maneira: uma pessoa deve ser protegida contra a desmontagem, tendo assegurada sua integridade corporal; deve ter liberdade morfológica e poder se expressar mediante adaptações e modificações corporais permanentes e, ao mesmo tempo, estar protegida contra alterações corporais involuntárias; deve existir igualdade para os mutantes, os quais gozarão de todos os direitos, benefícios e responsabilidades que concernem também às pessoas "naturais"; haverá o direito à soberania corporal e à naturalização orgânica, o que, neste caso, garantirá que alguém não tenha de submeter o próprio corpo à exploração e à investigação tecnológica de terceiros.[2]

Para mim, o ciborgue alude mais diretamente às questões ontológicas e éticas que permeiam os avanços tecnológicos em nossa vida. Ao mesmo tempo, os ciborgues da ficção costumam ser analisados no prolífico mundo das chamadas monstruosidades e reúnem muito daquilo que o prefixo *trans* evoca: transobjetos, transgêneros, transespécies, transujeitos. Também se filiam a uma sólida tradição de pensamento, pesquisa e representação – na arte, na filosofia, na ciência. Além do mais, um ciborgue e tudo o que que pode vir com ele no plano da ficção científica ou da vida dita real (I.A., robôs

---

2 A declaração pode ser conhecida na íntegra em https://www.cyborgfoundation.com. O site da entrevista com o artista consta nas referências bibliográficas (cf. Restum, 2018).

domésticos e sexuais, colonização de outros orbes etc.) nos põem contra a parede quando pensamos que a virada tecnológica que realizamos nas últimas décadas não tem mais retorno e, sobretudo, que um tal giro nos exige obrigatoriamente um reposicionamento multifacetado sobre aquilo que insistimos em denominar "condição humana". Ao mesmo tempo, somos convocados a uma profunda tomada de decisões sobre o que temos feito com a Terra, cada vez mais impossibilitada de abrigar a nós e a outras espécies, em resposta a alterações especialmente causadas por nossas ações. Uma convocação dessas, porém, tem se mostrado vã, sobretudo porque boa parte dos governantes e donos de grandes indústrias e multinacionais não assume uma visão conjunta do que precisa ser urgentemente feito a fim de, se não sanar, pelo menos apaziguar os efeitos catastróficos da passagem do *Homo sapiens* pelo planeta. Muitas vezes a preocupação mais séria é sobre o que a tecnologia pode oferecer em termos de longevidade e opções de lazer a uma parcela menor da população do globo, em vez de se estudar como regiões depauperadas – a exemplo do continente africano – sobreviverão em um orbe cada vez mais segmentado entre os que têm e os que jamais terão acesso pleno às benesses do "admirável mundo novo".

Neste livro, ao indagar também se a condição humana assume lugar de monstruosidade, faço-o em continuação a reflexões que venho desenvolvendo em vários textos, produtos de minhas pesquisas acadêmicas (cf. Messias, 2016, 2020a, 2020b, 2020c, 2021a, 2021b, 2022a, 2022c, no prelo). Por um lado, o termo "monstruosidade" é uma provocação ao leitor. Por outro, existe algo de real, no sentido lacaniano do termo, que se oculta por trás do ziguezague que os monstros da ficção – e, em especial, os do cinema – nos permitem fazer, cerzindo, no labirinto do desejo, um obscuro fio de Ariadne, metáfora que sempre gosto de empregar. Desta forma, o pensamento acaba por ser não mais do que um barbante que nos ajuda a buscar dar sentido ao que, para nós, pede uma improtelável explicação. Somos, pois, seres de angústia.

Entretanto, não será por conta das confusões que nossa própria espécie causa que abandonaremos um motivo tão apaixonante e, ao mesmo tempo, imediato: entusiasmados pela prolongação da existência, tantas vezes prometida de forma delirante pelos laboratórios e indústrias, vemo-nos combalidos, dia após dia, pelas interconectadas atrocidades que ocasionamos ao planeta. Junto à destruição de ecossistemas e dos recursos naturais, está a violação de direitos – os nossos e os de outros seres –, o que condiz com uma forma desresponsabilizada e perversa de se colocar no mundo. Aí reside o cerne do Antropoceno.

Não por acaso, em um momento que poderia ser tão brilhante e promissor para o *sapiens*, presenciamos movimentos de extrema direita mundo afora e assistimos à chegada de ondas de imigrantes e refugiados de variadas ordens nas bordas da Europa, dos Estados Unidos e de outros países. São calamidades propiciadas por uma espécie que se acreditava o pináculo da arquitetura biológica. Para mim, este estado de coisas é reflexo do esvaziamento cada vez mais amplo do simbólico, o que faz com que a sombra do imaginário se sobreponha, narcisisticamente, ao redor do abismo do real lacaniano.

As democracias, sempre frágeis e ainda nascedouras, parecem presenciar a própria ruína. As religiões, em grande medida, tornaram-se instrumentos de domínio das classes, como previsto por pensadores do século passado, e sociedades de controle dos cidadãos e de estímulo do gozo desenfreado se mostram uma constatação. E, se repetição e sintoma andam juntos, a pergunta sintomática para esta espécie revolvida pela pulsão de morte – mas que, ao mesmo tempo, ainda se permite, em certa medida, ser enternecida pelo afeto e pela arte – poderia mesmo ser esta: será a condição humana uma monstruosidade?

4. O fascínio pelos sociopatas na ficção audiovisual

O mal-estar na civilização e o tecnológico se supõem. Nos enredos da ficção audiovisual, muitas vezes os avanços da tecnologia se tornam armas nas mãos de facínoras perversos, quando não são criados por eles. Por isso, cabe aqui mencionar a figura do sociopata, cada vez mais emergente em filmes e séries. Pode-se dizer que eles são uma das marcas formais de construção de personagens no século XXI: sejam os vilões dos filmes de super-heróis ou os manipuladores (e, às vezes, charmosos) antagonistas de séries, os malvados fascinam. Nesse tipo de ficção, abriga-se a fantasia neurótica de se ter um suposto poder absoluto, ausente de culpa ou dor; ao mesmo tempo, o decrépito pode ser um justiceiro que brinca com nosso desejo de ordenação das coisas segundo nossa maneira.

Adam Kotsko (2016, p. 18) chama de *awkwardness* (que, na edição espanhola de sua obra, foi traduzido como *zozobra* e que, em português, podemos traduzir como "embaraço", "incômodo") a esse desconforto ou constrangimento próprio do capitalismo tardio e muito presente nas situações cotidianas, apontando uma dissonância entre as expectativas de um sujeito frente ao mundo e o que de fato se passa na interação social. Esta sensação imbuída de alta ansiedade vincula-se a uma transgressão de norma ou mesmo à falibilidade ou à inexistência de normas claras, o que nos deixa sem saber o que fazer (2016, pp. 15-16), a exemplo de alguém que fura uma fila em um banco: calamo-nos, apesar da indignação, e sentimo-nos desamparados frente à transgressão, buscamos a ajuda dos agentes da lei, ou fazemos justiça com as próprias mãos? Muitas vezes, sentimo-nos, ao agirmos de acordo com a conduta esperada, possuídos por uma superioridade moral que, entretanto, parece de nada valer em uma sociedade em que boa parte dos que roubam destroem a felicidade de milhões e saem por cima, ilesos de punição.

A palavra *awkwardness* salienta um desamparo frente a algo que não se encaixa, ainda que devesse funcionar ou fazer sentido. Para mim, Kotsko está tratando de algo que se insere em um conceito mais amplo, o do mal-estar na civilização freudiano. Com a finalidade de vivermos gregariamente compartilhando uma vida comum, abdicamos, em grande medida, da satisfação de nossas pulsões, e é assim que a cultura humana tem operado há milhares de anos. Para o autor, ao vermos um sociopata em um filme ou série, secretamente desejamos ter na vida real um poder como o dele, ainda que esse poder se calque sobre a perversão e a corrupção. Tradicionalmente, estabelece-se que o sociopata não sente culpa e, por isso, está alheio a qualquer recuperação terapêutica, apresentando-se aí um problema social muito sério.

Ao tratar da ficção, Kotsko emprega o termo "sociopata fantástico", e o particulariza em três tipologias: o maquinador, o oportunista e o justiceiro. O pesquisador salienta ainda que, em participantes de *reality shows*, também podem ser detectados esses mesmos traços. Entre personagens fictícios dessa índole, estão, por exemplo, policiais, médicos, políticos e advogados corruptos, justamente profissionais dos quais se esperam coesão e honestidade. Também há sociopatas infantis, em que duas das marcas são o tédio e a indiferença para com a vida e os outros.

Nos anos 1990, pode-se considerar que a televisão começou a recuperar um *status* que vinha se perdendo, sobretudo a partir de produções de canais privados. Hoje, quando as mídias convergem mais e mais e prenuncia-se o fim do modelo de televisão criado pelos canais abertos, tem havido crescente e intensa migração da audiência para séries e filmes disponíveis não apenas por assinatura de canais, mas também em provedores de entretenimento, o chamado *streaming*. Esta guinada na forma de diversão audiovisual repercute outras formas de experiência que se somaram à vida humana, a exemplo da internet, com suas múltiplas possibilidades. No vasto campo de ficção que se abre, as produções feitas para um tipo de público chamado de "maratonista" e ávido pela seriação tem como uma frente bastante significativa e recorrente a dos personagens sociopatas.

Ao mesmo tempo, o baixo custo de muitos programas de *reality shows* proporcionou uma profusão desse tipo de divertimento (2016, pp. 89-90), quando é comum ver participantes maquinarem uns contra os outros para benefício próprio, em exorbitante narcisismo. Não vale apenas ganhar: é preciso se utilizar de todas as artimanhas para se ter aquele milhão de dólares e aqueles dias de fama, incluindo-se traições e pactos. É claro que isso não dura mais do que alguns meses, pois uma nova temporada com outros participantes "da vida real" tem de substituir a anterior. Nesse vale-tudo, pode-se incluir, por exemplo, sobrevivência na selva, em regiões geladas, em casas isoladas, em famílias "exóticas", em competições de todas as ordens.

Se toda essa fascinação pelos personagens perversos continua a gerar dinheiro para as produtoras, é porque temos para com nossos modelos alienantes, amorais, injustos e semifalidos de sociedade um forte sentimento de insatisfação. Este é também o diagnóstico cultural feito por Kotsko (2016, p. 175), sempre na trilha do que muitíssimos outros pesquisadores afirmam, cada qual em sua área de expertise. A suposta ordenação da vida social apenas nos mostra que uma boa parte do mundo humano navega ao léu:

> *Em realidade, . . . a mobilidade social no mundo ocidental se demonstra em níveis mínimos e continua declinando, enquanto os reiterados fracassos do exército dos Estados Unidos, na hora de conseguir seus supostos objetivos, indicam que não dispomos de uma estratégia confiável para criarmos super-heróis segundo o modelo de um Jack Bauer.*[1] *(Kotsko, 2016, p. 177, tradução minha)*[2]

O autor menciona o quanto a sociedade atual reforça nossa síndrome de Estocolmo (2016, p. 178), e eu afirmo que vivemos em uma cultura altamente fóbica e produtora de medos. O desencanto do mundo não nos trouxe mais segurança, e a fantasia romântica de um retorno à natureza e ao primitivismo, tão comum em certos nichos culturais, só demonstra o quão somos ingênuos e carregados de percepções dualistas: em que medida autoexilar-se em uma comunidade alternativa, que é o que muitos fazem, nos garante a saída de dentro de um projeto civilizatório falho?

"As corujas não são o que parecem": o bestiário de Twin Peaks

A televisão mudou enormemente desde (e com) *Twin Peaks* (David Lynch & Mark Frost, 1990-1991): naquela época, *Os Simpsons* acabavam de estrear na Fox e os canais a cabo ensaiavam o início de produções próprias. Ainda que sua segunda temporada, que vai dos

---

1 Jack Bauer foi o protagonista da série *24 Horas*, da Fox (2001-2014).

2 No original: "*En realidad, . . . la movilidad social en el mundo occidental se halla bajo mínimos y sigue declinando, mientras que los reiterados fracasos del ejército estadunidense a la hora de conseguir sus supuestos objetivos indican que no disponemos de una estrategia fiable para crear superhéroes con el molde de Jack Bauer.*"

capítulos 9 ao 22, tenha tido significativa queda na audiência, cerca de 35 milhões de norte-americanos assistiram ao capítulo piloto da série. A primeira temporada foi muito bem-sucedida e tornou-se um dos marcos da produção audiovisual daquela década, servindo ao telespectador mediano como uma espécie de "Lynch acessível".

Twin Peaks, em vários aspectos, pode ser entendida como uma extensão variante de *Veludo azul* (*Blue velvet*, David Lynch, 1986): ambas as produções defendem que o cotidiano oculta monstros. A série se revelou uma produção autoral pouco comum até então, com exceção para nomes como o de Alfred Hitchcock, que soube fazer bom uso da televisão como veículo de experimentações décadas antes. As duas temporadas somaram 29 episódios, sendo que, em 1992, Lynch dirigiu um filme prequela dos últimos dias de vida de Laura Palmer, a adolescente assassinada: trata-se de *Twin Peaks: os últimos dias de Laura Palmer (Twin Peaks: fire walk with me)*. A terceira temporada, porém, só veio 25 anos depois (*Twin Peaks: o retorno/ Twin Peaks: The return*, 2017), dirigida novamente por Lynch e Mark Frost, com exibição pela Showtime e redistribuição mundial pela Netflix.

Desde *Twin Peaks*, representações de animais e da "natureza selvagem" nas séries televisivas mudaram muito. Aquela fictícia cidadezinha nostálgica, localizada nos ermos do verdejante e chuvoso estado de Washington, proporciona uma reflexão sobre a inevitável perda da inocência advinda com a modernidade e a pós-modernidade. Neste sentido, ela demarca a entrada da civilização em um nível mais elevado de mal-estar, consequência do capitalismo e da globalização. Pode-se afirmar que a visão sobre os outros animais mudou significativamente desde então, já que também temos alterado nossos pontos de vista sobre nós mesmos a largos passos.

No episódio piloto de *Twin Peaks*, elementos que apontam a pacata vida interiorana em pseudocomunhão com o mundo "natural" estão presentes na figura de um ganso que enfeita o telhado de um posto de gasolina e em uma cabeça de veado dependurada sobre a porta do estabelecimento. O *Great Northern Hotel*, construído em um platô e próximo a majestosas cascatas, é um dos cenários mais intensos para o desenrolar das tramas da série. Ele se enfeita com pesadas esculturas em madeira no formato de animais da fauna silvestre, como a coruja, em simulacro de totens indígenas. Representações de animais se mostram pouco a pouco, mas de forma demarcada, por toda parte: em uma das cenas do mesmo episódio, nota-se um estranho manequim com cara de porco. O espectador também verá um pato de brinquedo no quarto de Laura Palmer e alguns patos de enfeite na parede da casa de uma amiga de sua mãe. O bestiário de Lynch se inicia com bichos que sofrem com a perseguição humana – aves e mamíferos de caça – e sofrerá contribuições significativas a cada episódio, com preponderância para as corujas.

De início *Twin Peaks* nos permite ver que o bucólico e o montanhês estarão habitados por esquisitices e assombros. A imageria da animália vai de corujas possuídas por forças estranhas até uma raposa empalhada, cuja pelagem prateada vincula a personagem Leland ao assassinato de Maddy (Sheryl Lee), passando-se também pela perigosa doninha do pinheiro, cuja face de poucos amigos enfeita um bóton que Ben Horne (Richard Beymer) usa no final de um dos capítulos.

Twin Peaks apresenta, neste sentido, as frustrações de se ter optado por um mundo cindido, em que o humano falido quer se reintegrar, em vão, a uma natureza não generosa e maternal, colocada no lado oposto da régua: por isso, os casebres e chalés na floresta não são ambientes de recolhimento, mas de perigos e intromissões. A consequência disso é que o natural, passo a passo, se confunde com o sobrenatural: o desencantamento do mundo cobra seu preço oferecendo de volta justamente o recalcado. Por isso, entre as grandes árvores que são mostradas na série, desliza um manto de névoa que, em vez de proporcionar paz e sossego, desperta apreensão no telespectador: não pelo fato de um urso ou alce poder atacar, mas como o sombrio anúncio de que a espécie humana parece vilipendiosa e imprevisível.

Um dos conflitos iniciais se anuncia em uma cena dentro do hotel, quando um entusiasmado morador apresenta a cidadezinha a supostos investidores nórdicos: ele afirma que, em *Twin Peaks*, a indústria caminha junto à saúde e ao ar puro conferido pela natureza. Este discurso se mantém até a inesperada revelação do assassinato da jovem Laura, que põe em xeque toda a propaganda positiva do lugar e espanta os visitantes.

O mal-estar que vai se agravando no decorrer do enredo demonstra que nada em *Twin Peaks* é o que parece: filosoficamente, pode-se tomar a série como exemplo do quanto o projeto iluminista falhou. Um dos exemplos disso é que os personagens são quase sempre excêntricos, esquisitos, cheios de comprometimentos e lacunas morais. Isso fez com que, nos anos 1990, a série se diferenciasse muito dos padrões usuais de produções televisivas, acrescentando ainda o intenso hibridismo de gêneros, o qual soma surrealismo e fantasia, *thriller* e suspense, mistério e terror. Desta maneira, por exemplo, da parte de trás de uma cortina, desvela-se um anão dançarino que fala de trás para frente. Uma vidente leva nos braços um tronco como se fosse um bebê premeditador e garante que ele tem respostas para todos os segredos. Uma mulher com tapa-olho está obcecada com os ruídos provocados pelos trilhos das cortinas da casa em que vive e cria um mecanismo com bolotas de algodão para eliminar o incômodo; ela também perderá a memória a partir de uma pancada na cabeça e voltará a viver como nos tempos de adolescente. O psiquiatra local, que também tratava de Laura, tem óculos com lentes de cores diferentes (uma vermelha e outra azul) e é apaixonado pelo Havaí, o que o faz usar roupas com temas tropicais e ter em casa decorações que lembram aquele estado. Um sapateiro de um único braço vende sapatos a partir de uma amostra de cada pé. Paralelamente aos dramas locais, nos televisores da cidade é exibida uma novela chamada *Invitation to love*, na qual há relações extramatrimoniais, triângulos amorosos e um crime – um tipo de espelho do que se passava em *Twin Peaks*.

O assassinato de Laura Palmer foi somente uma desculpa para o diretor David Lynch e o roteirista Mark Frost conduzirem os telespectadores por uma história perturbadora e delirante, divisora de águas entre as maneiras até então conhecidas de se produzir séries: objetos da taxidermia e prêmios de caça (as muitas cabeças de veados empregadas como troféus, por exemplo) compõe decorações de vários ambientes de *Twin Peaks*. O lugarejo, habitado por um mal-estar que extravasa até mesmo na falta de afinidade com a própria vida, permanece embriagado na insensatez de ações de personagens que condizem com a pulsão de morte e com dolorosas formas de gozo.

O mundo detetivesco não linear em *Twin Peaks* apresenta o agente Cooper (Kyle MacLachlan), do FBI, como um homem que possui métodos pouco comuns em sua área para chegar aonde deseja, dando importância, por exemplo, aos sonhos, ao trabalho do inconsciente e a práticas tibetanas. Neste contexto, *Twin Peaks* tem elementos misteriosos que dialogam com o estranho familiar: entre eles, as mensagens de Log Lady (Catherine E. Coulson), a mulher do "tronco-profeta"; os intensos sonhos de Cooper e a segunda mensagem do "Gigante" (Carel Struycken) ao agente: "*the owls are not what they seem*", ou seja, "as corujas não são o que parecem", dita no Capítulo 9, a qual vem repetida em sinais radiofônicos supostamente vindos do espaço. As corujas, que comumente agem na série como mensageiros do sobrenatural, são animais muito presentes, a exemplo da espécie denominada de corujão-orelhudo (*Bubo virginianus*).

Os animais humanos são seres fantásticos em *Twin Peaks*, tanto como os não humanos. Perturbadoras tomadas de câmera e enquadramentos incômodos ao estilo de Lynch se notam na cena em que um homem lê por detrás de um urso empalhado, como se o animal o abraçasse à maneira de uma poltrona; ou ainda quando outro homem discute com sua mulher sob uma galhada de veado, com um corno especialmente apontado para cima, como se fosse o chifre de um unicórnio despontando da própria galhada e apontando para a mulher à frente. Há peixes empalhados em paredes de madeira, além da cabeça de um cabrito montanhês, em cujas patas separadas do corpo se sustenta uma espingarda, como se fossem dois ganchos de suporte, bem como as já ditas corujas, que observam o mundo dos homens. Os insetos também se presentificam, como a mosca que perturba enormemente a atendente da delegacia de polícia no episódio 9. E o bestiário prossegue: um dos personagens recebe uma perna de cordeiro crua de presente de uma islandesa; em uma clínica veterinária, além de quadros de vacas, aparece uma lhama viva, a qual se intromete em um diálogo entre o agente do FBI e o xerife. No nono episódio, um personagem esculpe a imagem de um porco defumado. No 13, aparece um enorme marlim, além de uma raposa branca, ambos empalhados.

Entre os animais mais marcantes da série está Waldo, um estorninho, conforme traduzido na dublagem original: trata-se de um *myna bird* (ou mainá), considerado testemunha ocular e auditiva do assassinato de Laura Palmer, cuja frase "Leo, não!" era insistentemente repetida por ele. O pássaro tagarela foi assassinado à bala quando se recuperou de um estado de fraqueza e voltou a falar.

Já durante um sonho em 23 de julho de 1983, Laura Palmer viu um homem com cabelo comprido e grandes mãos calejadas dizer a ela que estava em posse de Júpiter, o gato branco da moça. O bichano veio a ser atropelado na estrada por um carro enquanto caçava um rato.

Troy, por sua vez, era um pônei cor de canela, dado a Laura como presente em 1983, quando ela completou 12 anos. A garota passava muitos dos seus dias ao lado daquele animal, até que decidiu libertá-lo em junho de 1986. Por infelicidade, ele foi encontrado desnutrido perto dos trilhos do trem no mês de março seguinte, com uma perna quebrada e faltando-lhe três ferraduras. Foi sacrificado pela polícia.

Outra integrante do bestiário de Lynch é uma estranha criatura com aparência de sapo, asas de inseto, seis pernas dianteiras e uma probóscide peçonhenta que nasceu de um ovo pintado, o qual deixado em uma duna do deserto do Novo México. O bicho vagou a esmo até voar para a janela da residência dos Novack. Lá dentro, Sarah acabava de perder a consciência escutando um programa de rádio apresentado por um lenhador. Quando o animal se aproximou do rosto da moça, ela abriu a boca, permitindo que ele fosse engolido. A ideia de se construir essa criatura surgiu de uma história de David Lynch em um curta-metragem envolvendo um "sapo-mariposa", o qual o diretor teria visto ao viajar pela Europa oriental.

Sarah Palmer, em suas visões, às vezes se deparava com um cavalo branco, envolto em uma auréola de palidez (episódio 14). E durante uma sessão com vários espíritos em uma loja de conveniência, Pierre usava uma máscara de longo nariz; ao retirá-la, rapidamente tem-se a impressão de que sua face foi substituída pela de um macaco. Após o assassinato de Laura, o mesmo macaco pronunciou a palavra *Judy*.

No episódio 24, moradores se reúnem no grande hotel da região para defenderem a doninha do pinheiro, cuja espécie estava sendo ameaçada pelos avanços da civilização. Três grandes fotos grandes em preto e branco do animal são expostas, enquanto uma doninha viva é apresentada ao público como sendo um simpático animal atraído por objetos brilhantes e pelo cheiro de colônias baratas, porém, os movimentos de câmera contradizem aquele discurso ecológico: as caretas dos totens presentes no salão se mostram ameaçadoras e, por trás da ideia de natureza acolhedora, reside algo de sombrio. Em determinado momento, o animal mordisca o nariz do personagem apresentador e tem início uma cena no estilo pastelão, em que a plateia se apavora com exagerado medo da doninha fujona. Paira na sequência de cenas a ideia de que, para nós, há algo de bizarro naquilo que chamamos de mundo natural, e que o ser humano se torna patético com suas ações pretensiosas de salvar espécies e de preservar ecossistemas – uma crítica a certa ingenuidade ecológica, frente ao que, anos depois, seria popularizado como "Antropoceno".

A natureza em *Twin Peaks* age como uma espécie de espectadora perversa dos atos humanos. A aparente separação entre natural e não natural, na qual parece insistir intencionalmente boa parte da trama, a isso somando-se o crescente discurso ecológico daquela época – tomado na série com bastante ironia –, faz o mundo, que deveria ser racional, possuir um estranho encantamento. Cenas alucinógenas, surreais e bizarras se compõem e recompõem todo o tempo nas três temporadas da série.

A inovação da obra de Lynch ainda tem um tom de frescor, se comparada com produções cheias de clichês de nossa época, como o filme *O Titã* (*The Titan*, Lennart Ruff, 2018). Nesta, cientistas pouco seguros do que fazem, assistidos pelo exército americano, injetam em soldados várias substâncias com a finalidade de que aqueles estejam preparados para iniciarem uma colônia terrestre em Titã, uma das longínquas luas de Saturno. Aos poucos, descobre-se o lado louco da ciência: o DNA de várias espécies animais foi inserido nos cobaias e estes passaram a assumir comportamentos descontrolados. A ideia era criar uma espécie mutante, denominada *Homo titaniens*. Os personagens modificados começam a apresentar traços biológicos de felinos, répteis e morcegos, por exemplo. A natureza, ali, é pura manipulação perversa: em vez de nos assombrar, como resposta à nossa falta singular como humanos – e isso é o que se verifica em *Twin*

Peaks –, integra-se ao corpo pela tecnologia de maneira explícita. Os cenários *clean* do filme de Ruff divergem da madeira carregada dos imóveis da cidadezinha de Lynch. O mundo de 2048, em *O Titã*, está morrendo; em *Twin Peaks*, já está morto. Friso aqui: trata-se do mundo como civilização. O bestiário lyncheano perfaz contos de fadas pesados, originais, sem nenhum apelo à inocência. Seus personagens são instáveis, esquizoides, gananciosos, arrogantes e frios; ao mesmo tempo, podem ser amorosos e ingênuos.

E, se nos filmes e nas séries, há um tipo de monstro que atrai por suas atitudes sociopatas, paralelamente há as criaturas dóceis e poéticas, que, malgrado uma aparência não tão agradável, fazem frente ao modelo fracassado de construção social em que boa parte de nós vivemos. Seríamos, assim, acalentados pelo poético, sublimando nosso desejo de contravenção e amenizando nossas indignações no delicado espelho em cuja superfície vemos refletido um ser aquático? É o que discuto no próximo capítulo.

5. Guillermo del Toro e seus monstros humanizados

O mexicano Guillermo del Toro é um dos maiores representantes do cinema fantástico hispano-latinoamericano no século XXI. Quando tinha vinte e poucos anos, escreveu um livro que compunha uma coleção a respeito de grandes cineastas para estudantes de cinema principiantes e, curiosamente, ficou encarregado de apresentar Alfred Hitchcock. Del Toro afirma que a fase inglesa do diretor de *Os 39 degraus* (*The 39 steps*, 1935) abarcaria uma síntese de tudo o que viria a desenvolver em termos de tema e estilo (cf. Del Toro, 2009). Naquela época, o jovem diretor realizara alguns curtas e estava buscando entender mais sobre efeitos especiais em maquiagem para cinema e TV. Além do mundo das imagens moventes, Del Toro também trabalhou com a literatura: é o caso da *Trilogía de la oscuridad*,[1] escrita em parceria com Chuch Hogan, na qual revisita o mito do vampiro e que teve sua versão em série televisiva (*The Strain: Noite Absoluta*/ *The strain trilogy*, 2014-2017).

Santos (2016, p. 12) define Del Toro como um autor pós-moderno no sentido de ele ter proporcionado um deslize de estilos e uma mistura

1 *Trilogia da escuridão*, com *Noturno* (2009), *A queda* (2010) e *Noite eterna* (2012).

de produtos que resultam em trabalhos muito ricos. Não por acaso, o cinema fantástico aglutina outros gêneros e, por isso mesmo, é capaz de representar a vivacidade multifacetária de nossa época. Além disso, Santos ressalta que uma das características mais marcantes de Del Toro é a predominância do humanismo em seus personagens: "Até o mais monstruoso dos seres que povoam seus filmes tem um evidente lado humano que lhe serve de fundo e o desmistifica"[2] (Santos, 2016, p. 14, tradução minha). Neste aspecto, o crítico salienta que Del Toro propõe, muitas vezes, personagens não maniqueístas e nada arquetípicos, nos quais se sobrepõem estruturas amorosas de matriz romântica. Já para Diego Salgado, o cinema de Del Toro "É um cinema sobre o real como trauma" (Salgado, p. 137, tradução minha).[3]

Além de trabalhos com um consciente apelo ao formato americano de entretenimento, Del Toro trabalhou em filmes ligados a uma maneira mais europeia de se fazer cinema, como no caso das coproduções espanholas *A espinha do diabo* (*El espinazo del diablo/ The Devil's Backbone*, 2001) e *O labirinto do fauno* (*El laberinto del fauno*, 2006). E como produtor, Del Toro pôde ajudar novos diretores, como os barceloneses Juan Antonio Bayona (*O orfanato/El orfanato*, 2007) e Guillem Morales (*Os olhos de Julia/ Los ojos de Julia*, 2010). Produziu, igualmente, *Não tenha medo do escuro* (*Don't be afraid of the dark/ No tengas miedo a la oscuridad*, Troy Nixei, 2010), *Mamá* (*Mama*, do argentino Andrés Muschietti, 2013), *Festa no* céu (*The book of life*, Jorge R. Gutiérrez, 2014) e *A estreita faixa amarela* (*La delgada línea amarilla*, Celso R. García, 2015), *Histórias assustadoras para contar no escuro* (*Scary stories to tell in the dark*, 2019), entre várias outras obras.

Podem-se encontrar, no cinema de Del Toro, o gótico e o *steampunk* como marcas temático-formais, a despeito de produções

2 No original: "*Hasta el más monstruoso de los seres que pueblan sus películas tiene un evidente lado humano que le sirve de fondo y lo desmistifica*".

3 No original: "*es un cine acerca de lo real como trauma*".

mais hollywoodianas, como *Blade II* (2002) e *Círculo de fogo* (*Pacific rim*, 2013). Em filmes como *A espinha do diabo*, *O labirinto do fauno*, *A Colina Escarlate* (*Crimson Peak*, 2015) e *A forma da água*, nota-se um diretor que trata de seus interesses e paixões: o cinema clássico de monstros, as questões com a figura paterna e a valoração do humano. Santos (2016) menciona como sendo marcas do mexicano:

> *o humor distanciador que tanto humaniza, a infância, as engrenagens e demais mecanismos que anunciam a causalidade e a inter-relação dos atos e experiências do homem (entre outras muitas coisas), o sacrifício como ato de redenção e purgação, a ciência frente aos monstros, as vísceras engarrafadas, os insetos, as criaturas de aspecto lovecraftiano, as cruzes e os rosários, o uso de uma paleta cromática saturada de vermelhos, dourados, azuis, negros e ocres; e, sempre, a esperança; esses são os elementos dramáticos e plásticos que conformam esse mundo fílmico para o qual Del Toro ainda tem muito o que contribuir. (p. 21, tradução minha)*[4]

Ainda que, na ocasião em que o autor fez esse comentário, *A forma da água* não tivesse sido lançado, muitas dessas características se aplicam ao premiado filme de Del Toro.

Por sua vez, o cinema mexicano, com *El vampiro* (Abel Salazar, 1957), por exemplo, já firmava, em meados do século passado,

---

4 No original: "*el humor distanciador que tanto humaniza, la infancia, los engranajes y demás mecanismos que anuncian la causalidad e interrelación de los actos y experiencias del hombre (entre otras muchas cosas), el sacrificio como acto de redención y purga, la ciencia frente a los monstruos, las vísceras embotelladas, los insectos, las criaturas de aspecto lovecraftiano, las cruces y los rosarios, el uso de una paleta cromática saturada de rojos, dorados, verdes, azules, negros y ocres; y, siempre, la esperanza; esos son los elementos dramáticos y plásticos que conforman ese mundo fílmico al que a Del Toro aún le queda mucho que aportar.*"

uma visão em torno desse monstro, ainda que nos moldes do que se fazia nos filmes de língua inglesa da época. Por sua vez, nos anos 1970, *Mary, Mary, bloody Mary* (1975) e *Alucarda* (*Alucarda, la hija de las tinieblas*, 1977), ambos de Juan López Moctezuma, dialogavam com produções de terror do cinema italiano. Há, pois, um Guillermo del Toro influenciado tanto pelo gótico da Hammer como pelas cores fortes do *giallo* e das criações de Mario Bava. É esse diretor um tanto nostálgico e bastante poético que comento a seguir, ressaltando, em várias de suas obras, os aspectos monstruosos de suas invencionices tecnológicas.

A prótese da perna, o laboratório dos natimortos, a bomba pulsátil e o fantasma digitalizado

A espinha do diabo, que recorre ao espaço histórico da Guerra Civil Espanhola e contou com 54% de produção na Espanha, tem muito a ver com a infância do próprio diretor e sua relação com um tio morto que, segundo Guillermo, costumava lhe retornar na forma de fantasma, sussurrando e suspirando. O filme produz uma mescla entre a dura realidade sócio-política na ditadura franquista e as forças do sobrenatural. O diretor, espelhando recordações da infância, optou por atores infantis e adolescentes com certos estereótipos, como ele mesmo afirmou: corpo magro, orelhas de abano, cabelos crespos, olhos assustados, representantes de um mundo cruel em guerra que se refletia também nas relações entre os garotos do orfanato Santa Lucía (Maroto, 2016, p. 48). Del Toro é mais um dos diretores que discorre sobre a infância solitária e abandonada, um dos caros temas da cinematografia espanhola.[5]

5 Outro exemplo temático é o filme *Tin & Tina* (Rubin Stein, 2023), que coloca gêmeos albinos ultracatólicos como crianças perturbadoras na vida da mulher

São quatro formas monstruosas da tecnologia que menciono em *A espinha do diabo*. Além da bomba fantasmagórica que caíra no pátio do orfanato e parecia ter vida própria (cf. Messias, 2022a, pp. 472-476, para uma análise desse filme do ponto de vista da monstruosidade), havia a presença de diversos recipientes que continham embriões e fetos, em uma espécie de gabinete fantástico e de feitiços, bem como a perna protética e aprisionadora da diretora Carmen (Marisa Paredes), viúva de um intelectual republicano. Ela mantinha um caso com o professor Casares (Federico Luppi) e era amante do porteiro Jacinto (Eduardo Noriega), jovem atraente, mas estúpido e violento, representante do homem fascista sem cérebro, conforme analisa Maroto (2016, p. 50). Por fim, destacam-se ainda as aparições do garoto morto.

A bomba, jamais detonada, reverberava o que pareciam batimentos cardíacos a quem ousasse lhe auscultar; o laboratório de excentricidades continha seres disformes e rejeitados em conservação; a incômoda perna protética anunciava não apenas a incompletude do feminino segundo Lacan, mas, igualmente, assumia a função de elemento-fetiche na relação entre ela e o amante. Já o menino fantasma, na esteira dos espectros japoneses tão em moda no cinema do início do século XXI, se mostrava como uma projeção horrenda, decompondo-se aos poucos como uma película fílmica que descamasse. A metáfora da guerra acompanha esses elementos tecnológicos e colabora para conferir-lhes um aspecto ainda mais monstruoso, assustador e de estranhamento.

No século XXI, talvez seja este o filme que inaugure certo discurso cinematográfico que predisse a ascensão da violência da extrema direita contemporânea, apoiando-se nas referências do passado ibérico do século anterior.

---

que os adota. A ambientação se dá no processo de transição entre a saída da ditadura e a democratização da Espanha nos anos 1980.

O monstro tardomedieval na Espanha franquista

Em *O labirinto do fauno*, espécie de díptico mágico-realista sobre a Espanha oprimida, Del Toro retorna ao totalitarismo espanhol do ano de 1944 e, mais uma vez, apresenta a infância como desprotegida e o monstro como humanizado, neste caso encarnado no fauno que orientará Ofélia (Ivana Baquero) a solucionar um enigma. Quando a garota, na companhia da mãe grávida, Carmen (Aridna Gil), se aproxima do destacamento militar rural em que ambas residirão, acaba por descobrir uma curiosa pedra em um bosque. Nela, estava esculpida o que parecia ser uma carantonha e, por acaso, Ofélia encontra o que seria o olho faltante daquela figura que nos remete às gravações do grotesco artístico da Idade Média. Da boca da estátua sairá uma espécie de bicho-pau alado (*phasmatodea*), e aí se inicia um jogo de suposições com o espectador: tratava-se ou não de uma fada? Era imaginação da garota, como uma evasão de sua crua realidade, ou, de fato, ela encontrou pelo caminho seres sobrenaturais?

Estranha e violenta era a situação de sua mãe, em segundas núpcias e grávida de um militar torturador, pronta a parir. Do lado de fora do ambiente opressor em que passaria a viver, Ofélia veio a encontrar um labirinto, cuja entrada era um enorme rosto com uma boca, semelhantes a representações pagãs: de um lado daquela geografia de desterro, estava a Espanha fascista ultracatólica e, de outro, o inverossímil que evocava traços da cultura celta (Valentí, 2016, p. 89).

O primeiro encontro da garota com o fauno (Doug Jones) lhe fez entender que ela teria de passar por três desafios para provar que, na verdade, era Moana, uma princesa perdida e filha de um rei subterrâneo – metáfora da monarquia sufocada por Franco. Curiosamente, a figura de um fauno a orientar uma mocinha confere à obra um aporte erótico-perverso, em especial considerando-se o comportamento dos faunos e afins na mitologia greco-romana e medieval. Portanto, não parece plausível, em um primeiro momento, confiar em um ser metade caprino.

A primeira provação pela qual a garota teria de passar consistia em encontrar uma chave dentro de um buraco cheio de insetos asquerosos e sob as raízes de uma antiga árvore, o mesmo local em que viria a encontrar um sapo nojento que se esvaziaria como boneco inflável. Em seguida, Ofélia-Moana teria de usar a chave no estranho recinto em que se encontrava o Homem Pálido (Doug Jones), uma das figuras mais marcantes do cinema fantástico deste século e que alude às formas prestigiadas em bestiários medievais, sobretudo no que dizia respeito ao desconcerto corporal. Seus globos oculares, em separado, tinham de ser encaixados em buracos nas palmas das mãos. Depois, o monstro espalmava-as sobre o local em que estariam os olhos na face para poder enxergar a invasora, cuja presença fê-lo despertar pelo único fato de comer uma fruta de um convidativo (e proibitivo) banquete disposto em uma longa mesa. Aqui, pode-se supor uma revisitação tardomedieval que dialoga, por exemplo, com desenhos que constavam no *Buch der Natur*, de Conrad von Megenberg (1478).

Humanos disformes retratados no Buch der Natur, *de Conrad von Megenberg (1478).*

Se formos encaixar o terrível devorador criado por Del Toro nas formas monstruosas clássicas descritas por Claude-Claire Kappler (1986), o Homem Pálido seria uma daquelas criaturas que careceriam de algo essencial, conforme Lucrécio definiu em seu *De Natura Rerum* (como citado em Kappler, p. 138):

> *Numerosos foram também os monstros que naquele momento a terra se esforçou em criar, e que nasciam com traços e membros estranhos – como o andrógino, intermediário entre os dois sexos, que não é nem um, nem outro, nem pertence a nenhum dos dois –; seres desprovidos de pés ou de mãos; ou mudos e sem boca; ou que ficaram cegos e sem visão. (tradução minha)*[6]

Havia ainda monstros sem cabeça, como as blêmias, cujos olhos, nariz e boca ficavam no peito e na barriga, e também os que tinham cabeça, entretanto lhes faltavam olhos, nariz e boca. De toda maneira, o Homem Pálido é um modelo para se pensar as funções que um monstro pode desempenhar em uma dada época e cultura. Kappler (1986, p. 292) lista algumas delas. A primeira seria psíquica, com possibilidade analítica e, por que não, até mesmo terapêutica (como ocorre com o sonho e a fantasia), e estaria para além de simplesmente se querer exorcizar a peste, a fome e a guerra, três grandes males que assolavam o homem do medievo. Na verdade, ainda que vivamos outros tempos, não conseguimos permanecer sem esses seres que tiveram, sobretudo na longa Idade Média, é um fértil berço de criações e também recriações, o que se verifica, por exemplo, na arte de

6 No original: "*Numerosos fueron también los monstruos que en aquel momento la tierra se esforzó en crear, y que nacían con rasgos y miembros extranos – como el andrógino, intermedio entre los dos sexos, que no es ni lo uno ni lo otro ni pertenece a ninguno de los dos –; seres desprovistos de pies o de manos; o mudos y sin boca; o que resultaron ciegos y sin vista.*"

Hieronymus Bosch. O mais importante, segundo salienta Kappler, é que as variantes monstruosas são de forma, e não de fundo, e a primeira se alterna de acordo com os gostos e as culturas, as épocas e os indivíduos.

No final da Idade Média, o monstro assumiu a forma das bruxas, dos loucos e das mulheres em manifestações histéricas. No tríptico *As tentações de Santo Antão*, de Bosch (1495-1500), Kappler afirma que os monstros assumiam uma função até mesmo psicanalítica, em que a tentação funcionaria como resistência à realidade.

As tentações de Santo Antão, de Hieronymus Bosch (1495-1500).

Outro aspecto de discussão, na mesma linha de pensamento de Claude-Claire Kappler, é considerar que os monstros, que, reforço, aparecem em todas as épocas e culturas, apresentam características de perenidade, repetição e ambiguidade, as quais, em boa medida, são correlatas às forças opostas (o Eros e o Tanatos, intermediados pela culpa) que se digladiam no homem e, quando bem trabalhadas a partir da sublimação, tornam-se objetos estéticos.

Para a psicanálise, existe uma estreita relação entre as pulsões e a culpa. Historicamente, podemos exemplificar isso tanto na Inquisição como em outros momentos de intolerância na história humana, como no caso da Guerra Civil e da ditadura espanholas: alguém taxado como "diferente" à norma tinha de ser destruído, ainda que a vítima demonstrasse "arrependimento". É que, nessas épocas trágicas dos conflitos humanos, não há perdão suficiente: uma bruxa tem de ser queimada e, para isso, conforme Kappler propõe, emerge um Eros, impiedoso, claro, que impede qualquer reflexão – uma mulher se tornava feiticeira porque, por sua natureza, já nascia corrompida e culpada pelo fato de Eva ter tentado Adão.

Sigmund Freud, em seu texto sobre as lembranças de Leonardo da Vinci, comentou determinadas divindades ligadas a deusas-mães da fecundidade, as quais costumavam apresentar feições horrendas, polimastia (como Diana de Éfeso) ou excesso de virilidade (como as egípcias Mut, Hator, Ísis e Neith de Saís):

> *Nos hieróglifos sagrados dos antigos egípcios, a imagem correspondente à mãe é sempre a do abutre. Os egípcios adoravam igualmente a uma divindade materna com cabeça de abutre ou com várias cabeças, das quais uma pelo menos era de abutre. O nome desta deusa se pronunciava Mut. (Freud, 1910, p. 1035, tradução minha)*[7]

E adiante:

> *A divindade egípcia Mut . . . era fundida muitas vezes com outras divindades maternas de individualidade mais*

7 No original: "*En los jeroglíficos sagrados de los antiguos egipcios, la imagen correspondiente a la madre es siempre la del buitre. Los egipcios adoraban asimismo a una divinidad materna con cabeza de buitre o con varias cabezas, de las cuales una por lo menos era de buitre. El nombre de esta diosa se pronunciaba Mut*".

viva, como Ísis e Hathor . . . Quase todas as imagens de Mut . . . aparecem providas de um falo; seu corpo, enquanto os seios o caracterizavam como feminino, mostrava também um genital masculino em ereção.

. . . também outras divindades egípcias, como a Neith de Saís, da qual mais tarde surgiu a Atena grega, eram concebidas primitivamente como andróginas, ou seja, como hermafroditas, ou o que ocorria com numerosas divindades gregas, especialmente com as do círculo de Dionísio, e até mesmo com Afrodite, a deusa do amor, limitada depois ao sexo feminino. Os mitólogos tentam explicar a agregação do falo às figuras femininas destas divindades, alegando que o atributo viril representava a força criadora original da Natureza e que essas divindades hermafroditas expressavam a ideia de que apenas a reunião dos atributos masculinos e femininos podia constituir uma imagem digna da perfeição divina. (Freud, 1910, p. 1309, tradução minha)[8]

---

8 No original: "*La divinidad egipcia Mut . . . era fundida muchas veces con otras divinidades maternales de individualidad más viva, tales como Isis y Hathor . . . Casi todas las imágenes de Mut . . . aparecen provistas de un falo; su cuerpo, al que los senos caracterizan como femenino, mostraba también un genital masculino en erección.*

. . . también otras divinidades egipcias, tales como la Neith de Sais, de la que más tarde surgió la Athenea griega, eran concebidas primitivamente como andróginas, esto es, como hermafroditas, u lo que lo mismo sucedía con numerosas divinidades griegas, especialmente con las del círculo de Dionisos, e incluso con Afrodita, la diosa del amor, limitada después al sexo femenino. Los mitólogos intentan explicar la agregación del falo a las figuras femeninas de estas divinidades alegando que el atributo viril representaba la fuerza creadora original de la Naturaleza, y que tales divinidades hermafroditas expresaban la idea de que sólo la reunión de los atributos masculinos y femeninos podía constituir una imagen digna de la perfección divina."

No final da Idade Média, os monstros associados à fecundidade, à sexualidade e à luxúria (como a própria Esfinge e a Besta do Apocalipse) se mesclavam nos bestiários populares e na oralidade. Neles também figurava o delicado unicórnio, que, a despeito de representar a virgindade, também podia receber uma interpretação lasciva. Os faunos, silvanos, sátiros e centauros, viris criaturas da horda de Pã, representavam o desmesurado e o orgiástico com seus corpos hirsutos e seus pênis considerados desproporcionais para o padrão artístico greco-romano. No pensamento medieval, esses seres eram associados aos homens selvagens ou aos homens dos bosques descritos em vários (pseudo)relatos de viagens, sendo posteriormente associados com muita facilidade a demônios variados e à força descomunal e à sedução dos íncubos, o que se verifica no famoso *Malleus meleficarum*, quando os lutinos dos gauleses[9] e os faunos de origem greco-romana realizavam atos ditos impuros e de intensa luxúria, em que o masculino, o feminino, o homossexual, o heterossexual e o bissexual se intercalavam. Ao mesmo tempo, dispunham de um lado fanfarrão e burlesco, angulação de temperamento da qual vários duendes posteriores são herdeiros, até mesmo o saci do Brasil. Ao lado dessas forças inicialmente muito masculinas, tem-se um feminino carregado de culpabilidade e de maldição no final da Idade Média, conforme diz Kappler (1986, p. 299), associado à bruxaria, aos malefícios e aos pactos com o diabo.

Marie Bonaparte, grande defensora da causa psicanalítica, e Mme. Edouard Marty, traduziram para o francês, em 1927, um texto bastante interessante: *Une névrose démoniaque au XVIIe siècle* (*Uma neurose demoníaca no século XVII*), de Sigmund Freud, datado de 1923. Nele, relata-se um caso de "possessão demoníaca" do pintor Christopher (ou Christoph) Haitzmann (1651/1652 – 1700), o qual

---

9 Em francês, *lutins*, diabretes maliciosos, hoje edulcorados como delicados gnomos do folclore e, até mesmo, como ajudantes do Papai Noel.

vem a ser entendido como o resultado de desejos e pulsões primitivas reprimidos (cf. Freud, 1923). Por ter feito um pacto com o diabo pela primeira vez em 1668, foi obrigado a passar por vários exorcismos. Certa vez, o pintor, supostamente um neurótico obsessivo, teria se deparado com o próprio diabo, que se lhe manifestou como um burguês de boa apresentação. Na segunda vez, apareceu-lhe nu, disforme e com dois pares de seios femininos, elementos estes que aparecerão em visões posteriores, entre as quais também surgirá, apenas uma vez, um comprido pênis terminado em serpente (Freud, 1910, p. 2246).

Ainda que Freud considerasse a representação diabólica com atributos de dois sexos um tanto incomum, de fato nunca o fora: se tomarmos diversas mitologias como referência, constataremos que eram constantes seres considerados malignos com caracteres masculinos e femininos e, na Idade Média, esse tipo de representação também se dava com certa frequência. O atributo feminino não seria tão inesperado, considerando-se o quanto a mulher já vinha sendo, há séculos, associada à perdição: para o escritor florentino Brunetto Latini (1220-1294), a sereia-pássaro greco-romana e a sereia-peixe celta eram maléficas meretrizes que habitavam as águas porque a luxúria nasceria nos lugares úmidos (Kappler, 1986, p. 299). Isso teria a ver com as partes internas do corpo, com a própria umidade vaginal e uterina. Daí a alusão à impureza era fácil, sobretudo pela repetição do ciclo menstrual, tido por venenoso e purgativo desse excesso de umidade – o que tem correlação com várias passagens de antigos textos bíblicos. Por isso mesmo, durante o período da regra, o homem deveria evitar relações sexuais com uma mulher. Isso permitiu que crescessem a femifobia e o machismo de tal forma que a mulher passava também à categoria de monstro e de bode expiatório. Seu temido aspecto noturno incorporava na figura das feiticeiras em seus sabás, quando aquelas copulavam com o mundo subterrâneo de forma orgiástica e engendravam monstros pela peçonha contida em seu sexo.

O *Malleus maleficarum* afirmava que a mulher era como a quimera: o rosto de leão daquele monstro apontava a nobreza, que, por sua vez, levava à formosura; o ventre de cabra relacionava-se à imundície que, por consequência, tinha a ver com um contato físico fétido; por fim, a cauda de escorpião representava a agressividade e, por conseguinte, uma companhia mortal. Em suma, a mulher mataria todo aquele a quem encantasse, como faziam as sereias. Parece-me que, por trás de tanto desprezo, reside também uma forte angústia de castração vinculada à fantasia infantil da devoração pela própria mãe. Em vários mitos, os heróis são engolidos por serpentes, peixes enormes, ou passam por locais estranguladores, claustrofóbicos, possivelmente dentados – como se fossem monstruosas vaginas, em consonância com estudos de Mircea Eliade (1972, p. 60).

Para Freud, ser devorado coincidia com o simbolismo sexual da mulher, o que demonstra o quão polimórficas são as estruturas que se repetem no inconsciente há milênios, evidenciando certos processos psíquicos que se mostram com certa permanência no tempo e no espaço. De fato, para Claude-Claire Kappler, o monstro seria sobretudo um exemplo do funcionamento simbólico do psiquismo (1986, p. 319) e uma forma especial de expressão (1986, p. 320). A pesquisadora é enfática ao dizer que um monstro é forma, e isso condiz com suas variadíssimas representações plásticas, as quais projetam denegações e angústias que ensejam uma fuga da realidade que pode causar o trauma. Em simultaneidade, em combinações, ou de maneira independente, o monstro, para ela, tem a ver com processos como desumanização, metamorfose, deformação, distorção, aglutinação de formas e estilização (1986, p. 326).

Na Idade Média, em especial, o monstro dizia de uma espécie de convenção extra-individual, e pode-se considerar que este é o movimento que noto na cultura ainda hoje: o monstro tanto tem uma conformação subjetiva, ao devaneio da fantasia própria de quem o cria, como reflete e infere um estado de coisas que vem propor como, quando e onde esse sujeito se insere. A própria Kappler diz que, se alguns sentidos assumidos pelo monstro têm mais importância em determinados períodos, outros sentidos também se fazem presentes, mas em um segundo plano (1986, p. 328), assegurando a pluralidade de significações, funções e formas monstruosas (1986):

> *Ainda que seu segredo resida na memória humana, de uma herança transmitida no curso do tempo, ou em uma noção primogênita, o monstro se perpetua, sempre semelhante a si mesmo; tecido de sombra ou de luz, frequenta os âmbitos do homem, vive de sua vida, morre de sua morte. (Kappler, 1986, p. 328, tradução minha)*[10]

Breve apresentação das monstruosidades em Ambroise Paré

Se pudermos escolher um marcador referencial quanto à maneira de se pensar as monstruosidades de forma compilada, esta será a figura de Ambroise Paré (1510-1590), com seu antológico livro publicado em 1573, *Dos monstros e dos prodígios* (Paré, 1971). Para ele, um monstro só podia ser reconhecido do ponto de vista do próprio homem, ainda na perspectiva do sofista Protágoras: nós, humanos, seríamos, pois, a medida para todas as coisas.

De acordo com o cirurgião francês, um evento monstruoso era aquilo que se imiscuísse na ordem das coisas, não apenas como manifestação do glorioso divino, mas, sobretudo, como afronta causada por atos humanos. Neste caso, o resultado da ofensa seria a cólera de Deus, cujos sinais se verificariam em seres informes ou

10 No original: "*Bien que su secreto resida en la memoria humana, de una herencia mental transmitida a través de los tiempos, o en una noción primogénita, el monstruo se perpetúa, siempre semejante a sí mismo; tejido de sombra o de luz, frecuenta los ámbitos del hombre, vive de su vida, muere de su muerte.*"

deformes. Estes, segundo o pensamento da época, resultavam da cópula de humanos com animais ou com entidades sobrenaturais e, por isso, as formas monstruosas eram indícios de malogro e agouro. A preferência de Paré, ao discutir a harmonia da natureza, era sempre pelas semelhanças e repetições, e nunca pelas exceções. Como médico, ele tinha pavor das simulações de enfermidades como maneira de se chamar a atenção. Por isso, considerava os "vagabundos" e os "impostores" como pessoas detestáveis que mereciam ser banidas (Céard, 1971, p. XXXVII).

A definição de monstro de Ambroise Paré, que, em suma, constitui o parágrafo único do *Prefácio* de sua obra (1971, p. 3), elucida sua maneira de entender o tema. Ele enumera como "monstro" tudo o que está "além" do curso da Natureza (com "n" maiúsculo), a exemplo de uma criança que nasce com um único braço ou com duas cabeças, e isso seria um mau presságio.

Em seguida, ele propõe a palavra "prodígios" para se referir às coisas que "se opõem" à Natureza, como o caso de uma mulher que venha a parir uma serpente ou um cachorro. Evidencia-se aí uma demarcação que tende a se afrouxar depois: o monstro é o que está "além" do natural, mas não necessariamente o contraria, ao passo que o prodígio é aquilo que se mostra "contrário". Para sua fundamentação, Paré se reportará a autores de sua época e da Antiguidade, como Pierre Boistuau, Claude Tesserant, São Paulo, Santo Agostinho, o profeta Esdras e antigos filósofos como Hipócrates, Galeno, Empédocles, Aristóteles, Plínio e Lycosthenes.

Uma terceira terminologia é apontada pelo francês: a dos "mutilados", que, para ele, seriam os cegos, os zarolhos, os corcundas, os coxos, os que tinham mais ou menos de cinco dedos nas mãos ou nos pés, os que possuíam as juntas grudadas, os braços curtos demais, o nariz muito achatado, os lábios grossos e invertidos, bem como a vedação do genital feminino pelo hímen ou, ainda, alguma carne "sobrenatural". Como mutilados também estavam os chamados hermafroditas e os que apresentavam determinadas manchas, verrugas, caroços ou qualquer outra coisa "contra a Natureza", segundo seu pensamento. Fica notório que uma tal "divisão classificatória" não ajudava muito, mas, para a época, foi o bastante para causar furor e tornar seu trabalho popular.

Como treze causas para explicar o monstro, Paré enumera, em seu breve Capítulo 1 (1971, p. 4), a glória de Deus e, em segundo lugar, Sua ira. Como terceira causa, estaria a grande quantidade de sêmen e, como quarta, a pouca quantidade. Como quinta, a imaginação; sexta, a estreiteza (*angustie*) do útero; sétima, a maneira indecente de a mulher se sentar quando grávida, vindo a ficar tempo demais sentada com pernas cruzadas ou fechadas contra o ventre; oitava, quedas ou golpes contra o ventre da grávida; nona, doenças hereditárias ou acidentais; décima, apodrecimento ou corrupção do sêmen; décima primeira, misturas de sêmen; décima segunda, o artifício dos mendigos (*meschans belistres de l'ostiere*, no francês de sua época) – ou seja, dos mendicantes que costumavam ir batendo de porta em porta; décima terceira, a ação de demônios ou diabos.

Em seu Capítulo 2, também brevíssimo (1971, p. 5), Paré exemplifica a glória divina com uma passagem do Capítulo 9 do Evangelho de São João (versículos 1-3): um homem era cego de nascença não por culpa do pecado dele próprio ou dos pais, mas sim para que as obras de Deus nele se manifestassem.

O Capítulo 3, porém, um pouco maior, reserva-se a tratar da ira divina, o que se dá quando espécies estranhas entre si se misturam, gerando um ser não apenas monstruoso, mas, ao mesmo tempo, prodigioso, a exemplo de pessoas com cabeça de cachorro ou com quatro chifres. Ainda que, no raciocínio do autor, o pai e a mãe tenham supostamente copulado de maneira repugnante e contranatural, as abominações viriam à luz somente mediante a permissão de Deus. O peso sobre a mulher é evidentemente incisivo o tempo todo: Paré lembrou que o profeta Esdras advertira que mulheres menstruadas que fizessem sexo poderiam parir monstros.

No Capítulo 3, há exemplos de monstruosidades surgidas pelo excesso de sêmen. Neste momento de seu trabalho, vêm à tona imagens alusivas, para nossos dias, ao campo da teratologia médica. Já no Capítulo 5, Paré trata das mulheres que gestam vários fetos em uma única gravidez: isso se daria por conta de excesso de sêmen (conforme defesa de Empédocles) ou porque a mulher apresentaria várias separações e cavidades internas (de acordo com os estoicos). Os hermafroditas ou andróginos, no Capítulo 6, eram consequência de a mulher ter fornecido tanto "sêmen" quanto o homem. Paré ilustra a temática com um certo Amathus Lusitanus, habitante de uma cidadezinha chama Esgucina, quem tinha uma filha chamada Marie Patece. Ao chegar à idade em que deveria ter suas "flores", ou seja, menstruar, desceu-lhe um membro viril que lhe estava oculto. Por isso, a moça passou a ser vestida como rapaz e seu nome foi alterado para Emanuel.

No capítulo seguinte, Paré oferece, como exemplo de monstruosidades geradas por sêmen de menos, a história de um menino de 9 anos que só tinha dois dedos na mão direita, além de outras malformações. As enumerações de casuísticas do cirurgião são variadas em todos os tópicos: no que tange à imaginação, surge, uma vez mais, a mulher como agente responsável. Historicamente considerada mais voltada a "devaneios" do que o homem, durante a gravidez ela poderia se impressionar com algo e, por conseguinte, influenciar formações corporais que o filho teria. Essa situação é ilustrada com o relato de um garoto que teria uma face de rã e que assim havia nascido porque, supostamente, estando com febre durante a gestação, sua mãe, aconselhada por uma vizinha, segurou entre as mãos uma rã viva a fim de que a temperatura baixasse (Paré, 1971, p. 37).

Os exemplos prosseguem em sua obra, na qual o autor aborda todas as categorias que propôs. No caso da décima segunda, basicamente ligada a imposturas e charlatanices, o exemplo inicial é o de um mendigo que havia cortado o braço de um enforcado e o utilizava na porta de uma igreja como se fosse seu, a fim de ganhar esmolas.

Ao abordar especificamente o tema dos demônios e dos feiticeiros, Paré trata de coisas monstruosas feitas por estes. Além disso, escreve sobre os possuídos, que poderiam falar pelo ventre e pelas "partes naturais", mas não necessariamente pela boca (Paré, 1971, p. 83). Ele se reportou ainda aos demônios mineiros, habitantes de pedreiras, que poderiam se zangar, molestar e mesmo amaldiçoar alguém que deles burlasse. O autor comentou ainda a ilusão demoníaca, a arte mágica, as doenças estranhas e os íncubos e súcubos na visão dos médicos. Para estes últimos, um *incubus* seria um mal que faria a pessoa se sentir sufocada por algo que pesasse sobre seu corpo, geralmente durante a noite, e que se apresentaria na forma de uma velha a lhe comprimir o peito (curiosamente, ainda hoje, em certas regiões do Norte brasileiro, pessoas falam da Pisadeira, espécie de bruxa que induz pesadelos). Na época de Paré, porém, a medicina já levantava a hipótese de isso ser o efeito de bebidas e carnes mal digeridas antes de dormir.

Um capítulo específico sobre os monstros marinhos no livro de Paré apresenta imagens de tritões e sereias com cauda de peixe e patas com garras, mas também de javalis, elefantes, cavalos-marinhos, baleias, morsas e crocodilos, criaturas de fato existentes. Animais "exóticos", cujas características físicas ou comportamentais se manifestassem por "exageros" ou "descompensações" da natureza, segundo o entendimento da época, eram igualmente listados como monstros. E Paré aludiu aos monstros alados, entre os quais o avestruz, o tucano e a ave-do-paraíso. No âmbito dos seres terrestres, fez uso de algumas descrições de André Thevet, figura notável de sua época por ter visitado o Brasil junto aos franceses, legando a obra *As singularidades da França Antártica* (cf. Thevet, 1978; Messias, 2021c). Um dos monstros terrestres citados pelo cosmógrafo e cronista francês é o *Huspalim*, de pele escarlate, que seria mantido enjaulado pelos etíopes. Ainda entravam na relação de Paré a girafa, o elefante, o rinoceronte, o camaleão, um tipo de unicórnio chamado Pyrassouppi e um animal africano descrito por Thevet em sua *Cosmografia*, chamado de Haiit e que, segundo os "selvagens", viveria de vento.

No âmbito dos monstros celestes, houve também espaço para se escrever sobre os cometas, tidos como "Barbudos, cabeludos, como tochas, flamejantes, como coroas, lanças, escudos, batalhas em nuvens, dragões, duplicação de Luas e sóis [*sic*]" (Paré, 1971, p. 142, tradução minha).[11] Desde sempre, novidades no céu, sobretudo o noturno, sempre despertaram a atenção e o medo e eram consideradas prenúncio de catástrofes ou mesmo do fim do mundo.

A máquina pulsional de A Colina Escarlate

As considerações anteriores deste capítulo fazem parte de meu desejo de configurar o Homem Pálido de Del Toro como grande devedor da imaginação tardomedieval. Assim, evidencio o quanto uma criatura do cinema no século XXI pode conter de elementos de outras épocas, ao mesmo tempo em que sua forma se constitui um prisma para se falar de um mal-estar muito contemporâneo.

Com a bomba do orfanato de *A espinha do diabo*, com o fauno e o horrendo monstro com/sem olhos de *O labirinto do fauno*, chego ao engenho *steampunk* de *A Colina Escarlate*: tratava-se de uma maquinaria a escavar depósitos de uma argila cor de sangue localizados ao lado de um casarão gótico, cenários deltorianos para se representar uma sociedade marcada pela ruína ética.

---

11 No original: "*barbues, chevelues, de torches, flambeaux, coulonnes, lances, boucliers de nuees, dragons duplication de Lunes et soleils [*sic*]*".

Ao se analisar *A Colina Escarlate*, a tecnologia monstruosa, por excelência, se materializa na enorme máquina escavadeira alojada em um terreno nevado anexo a uma mansão: "O fantástico é . . . uma muleta existencial muito mais assumível para os personagens de Del Toro do que sua inadaptação às complicações da existência cotidiana" (Salgado, 2016, p. 144, tradução minha).[12]

Por outro lado, o monstruoso está também na forma das aparições fantasmagóricas que o espectador encontra: a ideia foi homenagear uma longa tradição de terror gótico que fosse além das produções B e que já tivera suas expressões anos antes, a exemplo de *Não tenha medo do escuro* (2010), *O despertar* (*The awakening*, Nick Murphy 2011) e *A mulher de preto* (*The woman in black*, Peter Watkins, 2012), além de *Mamá* (2013), *Invocação do mal* (*The conjuring*, James Wan, 2013), *A mulher de preto 2: anjo da morte* (*The woman in black 2: angel of death*, Tom Harper, 2014) e *A entidade 2* (*Sinister 2*, Ciarán Foy, 2015).

Em *A Colina Escarlate*, como em outros filmes de Del Toro, o fantástico se mostra paralelamente ao universo dos personagens, os quais, junto ao espectador, são os que veem os fantasmas e as premonições. Edith, a heroína nostálgica, ainda criança se deparou com o espectro da própria mãe a lhe dizer para evitar um local denominado "A Colina Escarlate" (*Crimson Peak*, no original). Já adulta, ela, de espírito moderno e independente, resolve se tornar autora de literatura fantástica em um mundo contaminado por homens que querem ganhar dinheiro e por mulheres que sonham em se tornar elegantes matronas. O diretor homenageia as primeiras representações de fantasmas na fotografia do século XIX em uma cena em que algumas aparições teriam sido apreendidas em placas

---

12 No original: "*El fantástico es . . . una muleta existencial mucho más asumible para los personajes de Del Toro que su inadaptación a las complicaciones de la existencia cotidiana*".

de vidro. E, assim, Del Toro fez uma imageria barroco-romântica se contrapor à texturização digital das aparições:

> *O fantasma cinematográfico está longe de ter sido apenas uma metáfora ao longo da história do cinema: ele representa um estado anímico da imagem, que subverteu, em cada momento da história do cinema, o estabelecido pela tecnologia e pela ideologia como realista, e em um meio que, se faz algo à perfeição, é perpetuar a ilusão de vida dos mortos. (Salgado, 2016, p. 137, tradução minha)*[13]

De onde me volto às representações digitalizadas do fantasma em filmes deste século, fenômeno que pôs em evidência o quanto os avanços tecnológicos resgatam, ao mesmo tempo, aquilo que não se quer abandonar: a fantasia, o espírito romântico e o devaneio, expressos, neste caso, na possibilidade de ainda se comunicar com os mortos – malgrado o desencanto proporcionado pelos aparatos e pela perda do sagrado – ou, mais ainda, de se perceber, nesses "novos mortos", a plasticidade que somente a textura digital poderia provocar:

> *O espetáculo do fantasmático digital se tornou, em princípios do século XXI, tão significativo quanto o da mansão encantada em ruínas para a literatura gótica do século XIX: um espaço privilegiado para a confrontação entre ordens incompatíveis, para as*

13 No original: "*El fantasma cinematográfico está lejos de haber sido tan solo una metáfora a lo largo de la historia del cine: representa un estado anímico de la imagen, que ha subvertido en cada momento de la historia del cine lo establecido por tecnología e ideología como realista, en un medio que, si algo hace a la perfección, es perpetuar la ilusión de vida de los muertos.*"

> *reminiscências nostálgicas e a expressão de almas penadas. (Leeder, como citado em Salgado, 2016, p. 137, tradução minha)*[14]

Afinal, quais são alguns dos traços mais marcantes do gótico, segundo Diego Salgado nos faz recordar em seu texto, mediante uma citação de Teresa A. Goddu (2000, pp. 137-138)? A presença da casa mal-assombrada (e adiciono: ou do castelo ou, ainda, do cemitério), um vilão demoníaco, as aparições de mortos, as paisagens sombrias e escuras, em tons violáceos, cinzentos ou azulados, o delírio e a alucinação. Acrescento a figura de uma heroína ensandecida ou fragilizada, com uma mescla de histeria e melancolia em seu caráter.

A forma de um monstro

Como já dei a ver, há muito tempo que o monstro dos gabinetes de curiosidades mudou para os laboratórios. Guillermo del Toro já o exibira dentro do vidro em líquido âmbar: o feto de *A espinha do diabo* (*El espinazo del diablo*, 2001), cujo caldo era vendido aos que desejavam curas miraculosas, sobretudo os homens com disfunção erétil. Tratava-se de um natimorto deforme, com espinha dorsal aparente, semelhante a uma estrutura de dragão. Este mesmo lugar de exibição e estudo é atribuído ao monstruoso em outros filmes, como *A múmia*, de Alex Kurtzman (*The mummy*, 2017), em que o laboratório do cientista – quase sempre um louco, pois esta caracterização tem mudado pouco no decorrer da história do cinema – se compõe por uma vastidão de recipientes contendo partes de seres

---

14 No original: "*El espectáculo de lo fantasmático digital se ha vuelto a principios del siglo XXI tan significativo como el de la mansión encantada en ruinas para la literatura gótica del siglo XIX: un espacio privilegiado para la confrontación entre órdenes incompatibles, para las reminiscencias nostálgicas y la expresión de almas en pena.*"

estranhos, exemplos de uma teratologia ctônica em uma coleção criptozoológica delirante, simulada em uma das grandes alas do Museu de História Natural de Londres. Evoco este segundo filme por conta da máxima *Monstrum vel prodigium*, anunciada pelo personagem cientista, imbuído de seu suposto saber. A expressão é conveniente, pois traduzia, no direito romano, a presença de um neonato muito diverso da anatomia humana considerada normal e que, por isso, ficava desprovido de representação jurídica, sendo igualado ao nível dos que já estavam mortos.

Em *Alien: a ressurreição* (*Alien: ressurrection*, Jean-Pierre Jeunet, 1997), uma sequência de cenas mostra à tenente Ellen Ripley um laboratório horripilante de seres híbridos deformados, conservados em vidros e estufas – um aviso do que ela própria poderia ter se tornado. Já em *O quarto dos esquecidos* (*The Disappointments Room*, D. J. Caruso, 2016), a moradora de uma antiga mansão descobre um quarto oculto no alto de uma torre, no qual eram confinadas crianças com malformações. Aquelas pessoas tinham de passar suas breves vidas longe dos olhos dos humanos considerados normais.

A mitologia greco-romana está cheia de excluídos desta categoria: não apenas seres repudiados e abandonados à sorte (na versão original do mito, o Édipo bebê, deixado por um servo de Laio dentro de um cesto sobre as águas; Etra e seu filho Teseu, aprisionados em uma grande caixa lançada ao mar; Pã, desprezado pela mãe por ter nascido com chifres, barbicha e patas de bode; Despina, esquecida pela genitora, que estava mais preocupada em resgatar a outra filha, Perséfone), como igualmente figuras incômodas (o pulsional Dioniso; Hermafrodito, filho intersexuado de Hermes e Afrodite; o enclausurado Minotauro; o rejeitado Polifemo monocular) e proscritas (Lâmia, Medusa e Medeia).

O prodígio de *A forma da água* foi alojado em um laboratório sob direção militar: ele encarnava perigos e, por isso, tinha de permanecer oculto e vigiado para ser, posteriormente, destruído. Para o Dr.

Robert "Bob" Hofstetter – pseudônimo do russo Dimitri, cientista espião infiltrado entre os americanos –, a criatura fantástica tinha de ser mantida viva, pois ele reconhecia a possibilidade de aquele ser gerar benefícios à ciência. Já para o General Hoyt, que sustentava orgulhosamente suas cinco estrelas no ombro, o anfíbio deveria ser eliminado a todo custo, e as provas de sua existência, ocultadas. Quando muito, viria a ser estudado depois de morto.

Quais perigos podiam ser preditos na simples existência do monstro sob tutela? Com a revelação de sua existência ao público, além do escândalo sensacionalista que percorreria o mundo, haveria a constatação da fragilidade da espécie humana: não seríamos os únicos dotados de uma inteligência considerada superior. A "aberração", nada limítrofe em suas demonstrações cognitivas, levantava ainda a suspeita de existirem outras iguais a ela, submersas na escuridão dos grandes rios e lagoas amazônicos. Portanto, não haveria apenas a ameaça vermelha naqueles tempos da Guerra Fria retratados na obra: existiria, quem sabe, também uma verde e escamosa.

Dessa abordagem inicial, passo ao que me parece mais candente no filme em questão: há algo que não cessa de se mo(n)strar na forma que a água abrigou. O perigo maior residia na constatação da presença do que não era anatomicamente humano, ainda que, por um lado, a morfologia o aparentasse – ou seja, não se tratava de um homem no sentido que a sociedade americana dos anos 1950 poderia lhe atribuir – e, por outro lado, um tal ser demarcaria uma crise para as ontologias de linha humanista e eliminaria de vez as fronteiras entre o humano e seus outros.

Esse outro do humano, denominado "Asset" por aqueles que o aprisionaram (traduzido do inglês, "bem", "ativo", "mercadoria"), mostrava-se gentil e encantador, apesar de seus comportamentos esporádicos que causavam asco, como quando vem a matar um gato para dele se alimentar. Asset retinha nas mãos um poder de cura, e não apenas isso: também de rejuvenescimento. Portanto, entre centro e ausência, o monstro de *A forma da água*, conforme faço entender neste texto, representa, em termos psicanalíticos, tanto a feminilidade como o mais além do falo.

Neste âmbito, o personagem dialoga com aspectos de Dioniso que, chegando a Tebas, terra de sua mãe, junto às suas mênades e sátiros, foi considerado estrangeiro: é que o deus caótico não era daquela cidade, mas também não tinha outra paragem que o representasse; era masculino, mas travestia-se e burlava do *status quo*; seu séquito era formado por seres desprezados, marginais e híbridos. Mulheres loucas e descabeladas o acompanhavam, seduzidas pelo delírio que ele nelas causava. Dioniso era uma ameaça, um ser deslizante, pura metáfora do êxtimo, assim como Asset, a criatura de Del Toro, cujo apelido era, por um lado, uma maneira de evitar-lhe a humanização e, por outro, servia como uma forma de valorizá-lo como mercadoria, conforme o próprio termo em inglês e, mais ainda, como o mais precioso de todos, conforme fica declarado no filme.

Como expliquei anteriormente, Jacques Lacan havia criado o termo "extimidade" para tratar daquilo que temos de mais íntimo e, paradoxalmente, nos é também externo. Para mim, a arte, que a vulgata da crítica considera advinda do íntimo, do interno, do âmago, quase esbarrando no campo do sagrado e do numinoso, seria, antes, um produto daquilo com que o êxtimo, a "exterioridade íntima" para Lacan, nos provê: "há sempre um não saber irredutível que não cessa de não se inscrever em cada saber constituído. É a própria hipótese do inconsciente como um saber não sabido, heterogêneo a todo conhecimento supostamente objetivo" (Bassols, 2017, p. 94, tradução minha).[15] E, segundo Miller:

---

15 No original: "*hay siempre un no saber irreductible que no cesa de no escribirse en cada saber constituido. Es la hipótesis misma del inconsciente como un saber no sabido, heterogéneo a todo conocimiento supuestamente objetivo*".

> *O que é a extimidade? A extimidade qualifica uma falta de significante e, por sua vez, um preenchimento. Qualifica uma falta ao se dizer correlativa de um mais-gozar. Podemos dizer ao mesmo tempo que o desejo vem do Outro, é um fenômeno de linguagem. Não há desejo para quem não fala. Há desejo porque se fala, e não se sabe o que se quer dizer. Isso basta para introduzir o desejo, o qual vem, portanto, do Outro, mas, além disso, o objeto é a causa do desejo. O único conceito que permite conjugar essas duas proposições é a extimidade, de onde se formula que, no Outro, está a causa do desejo. (Miller, 2010, pp. 447-448, tradução minha)*[16]

Em *O seminário, livro 9: a identificação* [1961-1962], está presente a figura geométrica toroide que busca localizar a função do sujeito, e que existe primeiramente alheio a si mesmo, no próprio discurso do Outro. Ora, se o que se tem de mais íntimo está num "fora interno", isso só pode nos escapar o tempo todo. Há uma beleza na ambiguidade de nos sentirmos visitados por um estrangeiro que já mora conosco desde sempre, daí a dificuldade – da qual o horror artístico se apropria muito bem – de aceitarmos a extimidade e os furos que a ela são inerentes.

Um segundo aspecto que chama a atenção neste contexto é o desinvestimento fálico, falicista e falocêntrico, uma das mais fortes

---

16 No original: "*Qué es la extimidad? La extimidad califica una falta de significante y, a la vez, un lleno. Califica una falta en decir correlativa de un plus de gozar. Podemos decir al mismo tiempo que el deseo viene del Otro, es un fenómeno de lenguaje. No hay deseo para quien no habla. Hay deseo porque se habla, y no se sabe lo que se quiere decir. Esto basta para introducir el deseo, el cual viene pues del Otro, pero además el objeto a es causa del deseo. El único concepto que permite conjugar estas dos proposiciones es la extimidad, donde se formula que en el Otro está la causa del deseo.*"

diretrizes no filme de Del Toro, se não a principal. Vou adiante, afirmando que esse aspecto colaborou para assegurar a empatia do público pela obra. *A forma da água* parece imbuído do desejo de uma cultura que faça um movimento, ainda que sutil, rumo à desconstrução do modelo patriarcal machista. Se por um lado parece difícil assinalar de fato a queda do falocentrismo, por outro, é possível entender que a obra de Del Toro evidencia uma espécie de desterritorialização do falo, trasladado dos centros de poder – seu lugar primeiro – para as bordas da cultura, mesmo que em reconfigurações enfraquecidas. Para mim, isso está demonstrado no esfacelamento das figuras tradicionalmente poderosas, centradas no homem heterossexual que busca dominar o mundo pela imposição da força. Desconfio que, em várias expressões sociais, o falocentrismo clássico tende, na atualidade, a se apresentar diluído em posturas falicistas – o que parece um caminho civilizatório menos traumático, posto que o poder se reparte para outros grupos.

Na sociedade atual, cada vez mais vozes, que antes eram minoritárias e sem expressividade, ganham um lugar de discurso. Majoritariamente, isso não se dá pela força bruta, mas por estratégias que evitam repetir o jogo do poder. No filme, isso se exemplifica quando a personagem Zelda – a faxineira negra que trabalha no centro militar durante o turno da noite – não dá mais ouvidos a seu marido acomodado e decide avisar a amiga Elisa Esposito que os militares estão à procura da criatura ou, ainda, quando o cientista Dimitri decide não recorrer a uma dose de injeção letal para exterminar Asset.

Nesta mesma perspectiva de queda cultural falocêntrica, ressalto que qualquer informação que o espectador obtém sobre a constituição genital do monstro advém do gestual de sua amante. Elisa revelou a Zelda que o pênis do ser ficava oculto, externalizando-se, entretanto, no ato sexual. Com mímica, a faxineira muda nos faz pressupor a existência de algo encapsulado na pélvis e exposto durante a cópula.

Na cena em questão, em um primeiro momento, veem-se suas mãos se abrindo, quase dando a entender uma vulva (ou cloaca) para, só então, seu dedo indicador apontar adiante, demarcando o pênis que finalmente apareceria, órgão este que não era pura anatomia, mas – e de maneira mais importante ainda – um sinalizador, uma sinalização, um elemento de deslocamento que dizia do que não estava de fato presente. O gesto final de Elisa pode ser interpretado como indicação e direcionamento, pois o pênis-falo simboliza uma estrutura social que rui em benefício da harmonização de formas menos díspares e agressivas de relacionamento.

Asset, de condição anfíbia, por si só já se insere na fronteira entre dois mundos. Seu pênis embutido possibilita sua aproximação simbólica a determinados interssexuados e transgêneros. O próprio diretor afirmou que não pensou em como seria o órgão sexual de sua criação e mencionou que, em grandes cardumes, os indivíduos podem até mesmo mudar de sexo. Em uma entrevista, Del Toro – ao comentar o dildo comercializado a partir do sucesso de *A forma da água* – diz que o brinquedo erótico não era preciso (*accurate*), já que não foi pretendida nenhuma exatidão anatômica peniana para o seu personagem.[17] Pelo contrário, o diretor deixou subentendido que esse quesito não fazia parte da exegese do filme e não poderia fazer, uma vez que o encanto – que tem seu suporte na própria fantasia do espectador – está em imaginar, em dar-se ao devaneio.

Filmes que representam o amor erótico entre uma mulher e um ser bestial não são novidade, a exemplo do escandaloso *Max, mon amour* (Nagisa Oshima, 1986), em que a personagem Margaret tomava um chimpanzé como amante. Mas em *A forma da água*, Elisa serve como casuística para se estudar o que há de "louco" no

---

17 Cf. entrevista de Tom Philip: https://www.gq.com/story/guillermo-del-toro-says-that-shape-of-water-fish-dildo-is-not-accurate. Acesso em: 12 maio 2018.

desejo histérico feminino para além do falo, o que pode ser uma reconciliação com a própria castração. Se houvesse alguma cena explícita do ato sexual entre Asset e Elisa, provavelmente *A forma da água* tomaria outro curso e, ao contrário do que de fato foi, perderia boa parte da "maleabilidade" que oferece ao público, como um gatilho para a fantasia. Ao mesmo tempo que a toma como objeto de desejo, o amante de Elisa apresenta uma sensibilidade que sinaliza o romântico, o feminino e o delicado na cultura humana. Obviamente, o vilão Richard Strickland não queria eliminá-lo apenas por Asset ser uma "aberração" agressiva, mas por nele reconhecer outro padrão, muito diverso do seu, e nisso detectar uma ameaça. Sem dúvida, Asset anuncia uma configuração transgênero que dialoga em muito com determinadas reivindicações sociais de nosso tempo.

Filmes e livros dentro de *A forma da água*

Em *A forma da água*, o encanto advém, como em várias outras obras de mesma temática, da relação afetuosa entre uma mulher e um monstro. Aqui, não se trata somente de sua referência mais direta, *O monstro da lagoa negra* (*Creature from the black lagoon*, Jack Arnold, 1954) e de suas duas sequências (*A revanche do monstro/ Revenge of the creature*, Jack Arnold, 1955; *O monstro caminha entre nós/ The creature walks among us*, John Sherwood, 1956), mas, enfaticamente, do conto de fadas *A Bela e a Fera* – com destaque para a versão de Jean Cocteau de 1946 (*La Bêlle et la Bête*), a preferida de Del Toro – e para toda a linhagem de amores entre a delicadeza e o medonho (a exemplo da fábula moderna de *King Kong* em suas várias adaptações), situações estas em que surge uma dama que humaniza o monstruoso masculino.

Há uma coletânea direta e indireta de referências cinematográficas no filme de Del Toro que vale a pena ser citada, a exemplo de

O monstro do pântano (*Swamp thing*, Wes Craven 1982), em que o cientista Olsen é transformado em monstro e retorna para vingar sua amada, Linda; *Starman, o homem das estrelas* (*Starman*, John Carpenter, 1984), quando um alienígena em missão de paz chega à Terra atendendo à mensagem da *Voyager 2* e é atacado pelo exército; *Free Willy* (Simon Wincer, 1993), em que uma orca capturada em um tanque é libertada por um garoto de 12 anos; *O fabuloso destino de Amélie Poulain* (*Le fabuleux destin d'Amélie Poulain*, Jean-Pierre Jeunet, 2001), sobretudo na personagem da jovem ingênua e no uso das cores muito saturadas que, em *A forma da água*, foram obtidas em Technicolor; ou, ainda, *Deuses e monstros* (*Gods and monsters*, Bill Condon, 1998), por conta da figura de Giles, o personagem gay no filme de Del Toro. Quanto às referências cinematográficas bíblicas, em *A forma da água* há cenas de dois épicos: *A história de Rute* (*The story of Ruth*, Henry Coster, 1960) e *Sansão e Dalila* (*Samson and Delilah*, Cecil B. DeMille, 1949), exibidos no decadente Orpheum, o cinema localizado abaixo do apartamento da personagem Elisa.

Dalila, no livro dos Juízes, é aquela que corta os cabelos de seu amado, em gesto de traição por não ter sido amada como gostaria. Trata-se da repetição da história da mulher fálica e castradora que vilipendia o homem, extirpando dele o símbolo da virilidade. Sansão, à deriva, é pego e humilhado pelos inimigos, como ocorre com o leão de juba cortada do romance *O leão, a feiticeira e o guarda-roupa*, de Clive Staples Lewis. Em *A forma da água*, Elisa atua como Dalila frente ao Sansão-Strickland, homem religioso que não aceita ser questionado nem por seu superior militar. Em seu delírio falicista, ele se mostra o opositor direto de Asset que, neste caso, é a metáfora dos inimigos do nazireu do Antigo Testamento.

A outra produção em cinemascope homenageada por Del Toro, *A história de Rute*, trata de uma jovem vendida aos seguidores do deus moabita Quemos. Ela se comoverá perante o sofrimento de um escravo judeu chamado Mahlon, renunciará à idolatria, o libertará e ainda será amiga da mãe dele, Naomi. "You are a god" ("Você é um deus"), disse o derrotado Strickland à criatura, lançando-nos a uma das perguntas ontológicas de nossos dias: afinal, somos feitos à imagem de quem, se até o monstro pode ser mais humano do que nós?

A forma da água faz também alusão ao musical *As noites de Mardi Gras* (*Mardi Gras*, Edmund Goulding, 1950), em cartaz no Orpheum, e a *O mascote do regimento* (*The little colonel*, David Butler, 1935), assinalando o sabor dos entretenimentos de uma determinada época. Na obra de Del Toro, está-se em Baltimore, no início dos anos 1960, quando a corrida espacial e a Guerra Fria deflagravam um mundo assolado por novos medos angariados após a Segunda Guerra: os armamentos nucleares, a ultraespionagem, os avanços tecnológicos de várias ordens – todos marcadores temporais do Antropoceno para diversos pesquisadores.

No filme, Richard Strickland, veterano da Guerra da Coreia que quer subir na vida a todo custo, compra um cadillac e lê *O poder do pensamento positivo* (*The power of positive thinking*), *best-seller* de autoajuda escrito por Vincent Peale. Vestido de negro como um gângster, ele representa o lado obscuro do homem racional que acredita que o poder caminha ao lado do sucesso e dos bens materiais. Encarregado do traslado da criatura desde a América do Sul até o laboratório científico, esse macho da nossa espécie é tão mais fragilizado quanto mais assedia a funcionária e realiza um sexo mecânico com a esposa. Ele não é muita coisa sem seu cassetete elétrico, com o qual tortura o prisioneiro anfíbio. Na cena em que as duas faxineiras são interpeladas por Strickland dentro do banheiro masculino, fica claro o valor fálico assumido pela vara de choque elétrico fabricada no Alabama para ser usada como coação ao gado. Diferentemente de Asset, que somente se defende com próprios atributos corporais, Strickland necessita de um tipo de tecnologia que se externaliza ao corpo, espécie de prótese-dildo com a função de duplicar sua potência, mas que, nem por isso, garante sua supremacia o tempo todo perante o monstro. Eis a rivalidade entre um modelo antigo e um novo: um homem da época em que o mundo era conquistado pela força e outro, estranho, que nada quer conquistar, a não ser a liberdade de viver. Outro aspecto marcante de Strickland é que este desenvolverá uma infecção em dois dedos que lhe foram implantados; o agravamento da condição de saúde e, posteriormente, o arrancar dos dedos comprometidos pelo próprio dono remete-nos à associação com alguma criatura em processo de zumbificação, pelo menos. Quanto mais o vilão defende ter sido criado à semelhança de Deus, mais ele se afasta de qualquer protótipo adâmico e vai se tornando obscuro, frustrado e agressivo.

A cultura dos monstros do século atual propõe não mais apenas a ameaça que vem de fora, de plagas desertas e exóticas ou de planetas indevassados, ou ainda de nações inimigas, mas também oferece espécies estranhas que penetram estruturas de todas as ordens – sociais, corporais e/ou psíquicas – para predizerem um futuro inevitavelmente misto, como *A forma da água* nos dá a ver.

Quatro personagens

A história de *A forma da água* começa como uma narrativa de contos de fadas e prenuncia um percurso amoroso. Elisa, solteira e muda, reparte a vida entre o ático sombrio com banhos masturbatórios e o trabalho noturno de faxineira em um centro de pesquisa. Seu sobrenome, Esposito, é um dos mais comuns no sul da Itália. O chefe, Richard, conversando com ela, salienta que o termo significaria "órfã". Porém, aqui cabe uma interpretação mais exata: etimologicamente, a palavra provém do latim *expositus*, ou seja, "exposto", e, em sua origem, tinha a ver com as crianças consideradas defeituosas ou monstruosas expostas publicamente na Roma Antiga, ou aquelas dadas para adoção, muitas vezes em um *ospizio degli esposti* (ou seja, um orfanato). Com a unificação da Itália, a lei proibiu que fossem dados sobrenomes que refletissem a origem das crianças. No filme, Elisa pode ser considerada o resultado de uma situação de orfandade e de violência familiar: suas cicatrizes no pescoço parecem remeter a algum tipo de agressão física que a impossibilitou de falar.

Na Antiguidade Clássica, o costume da exposição de recém--nascidos com traços considerados teratológicos parece ter se originado com a pena da *sacratio*, a qual permitia que crianças fossem queimadas ou lançadas ao mar desde o cume do Monte Taigeto. Daí, surgiu a *ius exponendi*: a "exposição" juridicamente respaldada da prole em público, com fins de entregá-la à própria sorte. Esta é a base, segundo afirma Romandini (2012, p. 74), da antropotecnologia eugênica antiga. O paralelo com o que se dá no filme de Del Toro: aquela lei permitia que o homem tomasse a animalidade do outro para dela fazer algo politizável, e a exposição do recém-nascido demarcaria sua entrada na esfera do selvagem: afinal, o próprio mito fundante de Roma tratava de Rômulo e Remo, dois expostos cuidados por uma loba. Disso adveio a tradição de se honrar o fauno Luperco, que amenizava as separações entre animal e homem por meio de festividades, as lupercálias. Procedimentos como estes atuaram como organizadores da ideia de eugenia, que contaminou o pensamento ocidental em diversos momentos da História e tem, no personagem Richard Strickland, um representante: ele questiona a semelhança de Zelda com Deus, dando a entender que ele, sim, é quem estava muito mais próximo do ideal fisionômico da divindade cristã. Strickland tem um desprezo acentuado pelas mulheres e pelo conhecimento científico, expressando o rigor de sua religiosidade patriarcal. O mesmo deus tirano, entretanto, se volta contra ele na figura do General Hoyt, neste caso o agente máximo da eugenia, que não perdoa nenhum erro.

O filme inicia com imagens oníricas que apresentam a mobília e vários objetos de casa flutuando num apartamento inundado, metáfora do acolhimento uterino. A percepção temporal nas cenas iniciais remete o espectador ao silêncio subaquático: nota-se algo de lacustre, doce e úmido, invaginado em um verde envelhecido que percorre o cenário, o figurino e a fotografia. "A água é como o amor, não tem nenhuma forma. Ela assume a forma do que quer que nela habite. É o mais poderoso elemento do universo. É gentil, flexível, mas rompe qualquer barreira", disse Del Toro ao canal KUTV de Salt Lake City.[18] No judaísmo, a água simboliza a vida que nasce e renasce, mas que também pode ser destruída: aquele que nela mergulha no mikveh[19] fica purificado; já os ímpios são destruídos com inundações e ondas.

A condição histórica das mulheres está representada pela posição à deriva de Elisa: "incompleta" até mesmo na voz que lhe falta, trabalha de noite, alheia aos olhos de homens que pudessem por ela se interessar. Com Giles – o amigo gay que perde oportunidades como ilustrador por conta dos avanços tecnológicos do mercado de trabalho – e com Zelda Delilah – a colega negra de faxinas que tem de se ocupar de Brewter, um ocioso e aproveitador marido –, Elisa forma o triângulo dos humanos excluídos do filme, em toque fortemente político. Nos três, centralizam-se as questões contemporâneas ligadas à intolerância: racismo, homofobia, femifobia e assédio, em paralelo à família americana idealizada e pseudofeliz de Strickland, características de um país falsamente idílico. Junto a Asset, esses três personagens oprimidos comporiam um quarteto em simpatia mútua, cuja trama tem como cenário principal o laboratório científico. A esses quatro, pode-se ainda somar o cientista

---

18 Cf. entrevista de Ryan Painter: http://kutv.com/news/entertainment/empathy-for-the-other-guillermo-del-toro-talks-the-shape-of-water.

19 Mikvé, mikvê ou mikvá é uma espécie de piscina onde, na cultura judaica, se mergulha a noiva antes do casamento, um convertido que está na última etapa de conversão, ou as mulheres após terem filho ou depois de um período de doze dias a partir do início da menstruação com o objetivo de se purificarem. Há outras aplicações do ritual de imersão, o qual pode variar de comunidade para comunidade.

russo Dr. Hofstetter que, inicialmente, parecia ser um espião como outro qualquer, mas estava no cerne de pesquisas para "aprender" – verbo que ele mesmo usou repetidas vezes com seus mandatários comunistas. Sua recusa em exterminar o monstro demonstra uma virada de perspectiva não apenas científica, mas filosófica, a favor de se entender o diferente.

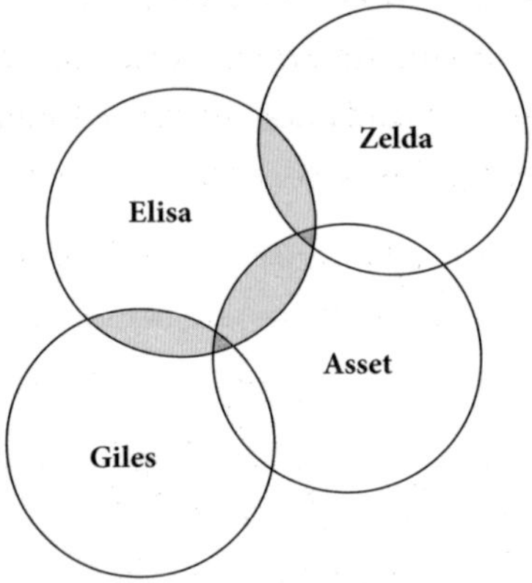

Os quatro personagens que são oprimidos pelo status quo.
Fonte: *arte de Frederico Moreira.*

O laboratório, com seus cilindros e painéis, é mais uma daquelas fantasias de Del Toro que se aproximam da estética *steampunk*. O local tem em si algo de monstruoso, assim como a sangrenta máquina escavadeira de *A Colina Escarlate*. Em *A forma da água*, a tecnologia que vem de fora do corpo é agressiva, fálica, como o cassetete que eletrocuta ou o revólver que atira. Porém, aquela que se mostra adjungida ao corpo é delicada, coesa, integrada: Asset também dispõe de um tipo de parafernália tecnológica, mas, em sua espécie biológica, ela parece tão amalgamada ao corpo que faz uno com o orgânico – aspecto que coincide com aquele de seres alienígenas que, em alguns filmes, são considerados superiores a nós, a exemplo de *E.T., O extraterrestre* (*E.T., the extra-terrestrial*, Steven

Spielberg, 1982), *O segredo do abismo* (*The abyss*, James Cameron, 1989) e *Avatar* (James Cameron, 2009). Além disso, a condição de Asset nos remete a outro filme contemporâneo dele, *Cold skin* (Xavier Gens, 2017), em que um solitário meteorologista deixado pela marinha britânica em uma ilha do Círculo Antártico, em 1914, se vê às voltas com o ataque repentino de seres aquáticos azulados, um tipo de civilização anfíbia. Uma das criaturas é justamente uma fêmea subjugada por um faroleiro, o outro habitante humano do inóspito lugar, o qual a maltrata e a estupra frequentemente.

O que forma um monstro

A forma da água faz-nos pensar sobre quais tipos de monstros "precisamos" neste momento da civilização. Algumas pistas advêm quando consideramos que nenhuma obra está isolada. Quando um filme é lançado, pode-se traçar, a partir dele, uma rede de relações semióticas que o aproximam de outras produções. Neste sentido, afirmo que *A forma da água* está um capítulo antes do grande imbróglio neoliberal e neocapitalista deste século e que coincide com a deflagração do Antropoceno como era humanogeológica, reportando-se, como prequela, à crise da condição humana mediante a ficção científica.

Está-se também, na história da obra de Del Toro, "décadas antes" da confluência de duas obras máximas do pensamento filosófico da virada do século: *A cyborg manifesto* (1984), de Donna Haraway (cf. Haraway, 1991), e *How we became posthuman* (1999), de Katherine Hayles (cf. Hayles, 1999). Ambos os livros apresentam maneiras de se recusar a interpretação binária ocidental. Diferentemente dos ciborgues supermasculinizados de *O exterminador do futuro* (*Terminator*, 1984) e *O exterminador do futuro 2: o julgamento final* (*Terminator 2: judgement day*, 2009), dirigidos por James Cameron, o ciborgue de Haraway, como bem se sabe, é um *trickster* dionísico.

Neste contexto, o personagem Richard Strickland é emblemático: traduz-se como o signatário de um mundo falido, retrógrado e reacionário, no qual a tecnologia não serve para ir ao encontro do outro, mas para destruí-lo. À medida que, com sua ganância, preza a supremacia do homem e de seu sexo sobre o mundo, Strickland recusa o hibridismo, a fusão, o polimorfismo, a ausência. No cinema, uma das consequências de personagens como ele foi a proliferação dos seres abjetos e infectos pós-Romero: os zumbis, monstros oficiais da recessão econômica, da letargia cultural, da estagnação da educação e seus correlatos.

O zumbi, elemento originário da mitologia subsaariana, integrava, até os anos 1960 no cinema, aventuras novelísticas neogóticas que o apresentavam como um monstro resultante de ações tanatopolíticas aplicadas aos escravizados das *plantations* do Haiti (*Zumbi branco/ White zumbi*, 1932; *Revolta dos zumbis/ Revolt of the zombies*, 1936, ambos de Victor Halperin). Esses filmes que, a muitos, parecem não evidenciar nada muito polêmico e teriam apenas uma função de entretenimento barato, são, na verdade, excelentes reflexões sobre uma vasta maquinaria tecnológica com funções tanatopolíticas aplicada por meio das investidas da colonização europeia, a qual desejava tornar o africano escravizado uma ferramenta de trabalho animalizada e não pensante.

Somente com os filmes de Romero em diante é que o zumbi viria a assumir conformações mais contemporâneas, quando este monstro proliferou de vez pelas produções audiovisuais, jogos, livros e nas histórias em quadrinhos (HQs). Assim, mostrava-se que o capitalismo alterava a cultura de uma forma cada vez mais corruptível. Foram basicamente três pilares temáticos fundamentais evidenciados nos produtos com temáticas zumbis: o consumismo, o militarismo e uma ciência narcisista. Por exemplo, boa parte dos filmes e séries de zumbis exibe mandatários enceguecidos pelo poder que acabam se tornando algozes das criaturas horrendas que ajudaram a criar e, algumas vezes, até mesmo suas vítimas. Neste último caso, quase sempre em decorrência de experimentos malsucedidos (testes com radiação, agentes poluentes, armas bioquímicas, proliferação de vírus etc.). O cinema sempre nos alertou sobre o pandêmico e o virológico.

A cultura em torno dos monstros no século atual propõe não mais apenas a ameaça que vem de fora – de plagas desertas e exóticas, de planetas indevassados ou ainda de nações inimigas –, mas também traz aos enredos espécies estranhas que penetram estruturas de todas as ordens – seja social, corporal e/ou psíquica – para predizerem um futuro inevitavelmente misto, como a fábula de Del Toro nos permite ver. Seja no alien ultrainteligente, porém perverso, que corrói qualquer material orgânico e inorgânico e até mesmo sobrevive no vácuo do espaço (*Vida/Life*, Daniel Espinosa, 2017), seja naqueles seres que emergem dos oceanos e dos confins da Terra para causarem o caos (*Círculo de fogo/ Pacific rim*, Guillermo del Toro, 2013), todas as estruturas ficam fortemente abaladas pela intromissão monstruosa.

O labirinto dos seres desprezados

Como já mencionei, *O labirinto do fauno* é um dos mais bem-sucedidos filmes em língua castelhana do século XXI e, ainda que Del Toro seja mexicano, essa coprodução reporta-se diretamente à história espanhola. Assim como no anterior *A espinha do diabo*, a trama se situa na Guerra Civil, sobretudo no que tange a seu impacto sobre a infância. Na primeira obra, Ofélia, menina inserida na sociedade patriarcal, posiciona-se entre dois mundos, o do franquismo destruidor (expresso na figura de seu padrasto violento) e o do fabuloso e assustador fauno: duas figuras paternas horrendas, as quais ela enfrentará com a ajuda da empregada Mercedes, quem trabalhava para os rebeldes republicanos.

Em ambas as produções, o diretor se engaja na tradição espanhola de filmes fantásticos em que crianças lidam com experiências traumáticas (a exemplo de *O espírito da colmeia*/ *El espíritu de la colmena*, Víctor Erice, 1973, *¿Quién puede matar a un niño?*, Narciso Ibáñez Serrador, 1976 e *Cría cuervos*, Carlos Saura, 1976) (Olney, 2014, p. 386), temática que ele próprio continuou com *O orfanato* (*El orfanato*, produção hispano-mexicana de 2007, dirigida por Juan Antonio Bayona com produção executiva de Guillermo del Toro), entre outras.

Já em *A forma da água*, tem-se em Elisa uma mulher permeada pela pele do desejo: ela toca o monstro anfíbio em delicado êxtase, e só assim nota que ele é mais do que uma anomalia irracional, como pretendiam os militares. Então, vários pontos na epiderme da criatura acendem uma tonalidade azul fosforescente feérica, quebrando qualquer visão premeditada sobre a bestialidade em torno daquele ser. Não se trata de evocar uma matriz monstruosa como a do Minotauro de Creta, em que o falo ditava a violação sanguínea e sexual das virgens que eram oferecidas ao monstro, sem possibilidade de apaziguamento; tampouco Asset é como Frankenstein com a menina das flores em volta do açude, como se deu no filme de James Whale, em 1932. Aliás, Del Toro chegou a informar que a parte com a garota das flores em *Frankenstein* era, para ele, a mais poderosa cena do cinema de terror, e que seus filmes seriam nada mais do que o desejo de, algum dia, produzir o que ele sentiu ao ver aquele trecho do clássico filme (Alarcón, 2016, p. 29).

Em torno de seu anfíbio, Del Toro criou uma erótica que foge da ingenuidade das histórias no tradicional estilo Disney para afirmar uma composição monstruosa mais similar àquela do imaginário dos contos populares campesinos europeus de séculos passados: ou seja, a de que há algo de horrendo na condição humana. É por isso que *A forma da água* encanta e incomoda o espectador ao mesmo tempo, evocando, no plano sexual, várias estranhezas: a primeira delas é a possibilidade de uma humana se atrair sexualmente por um ser de outra espécie. O ator Doug Jones, que interpretou o monstro, afirmou, em uma entrevista, que o sucesso junto ao público também se deu pela fórmula que conjugava ombros largos, cintura fina e traseiro sexy.[20] Porém, o somatório desses atributos classicamente masculinos com o mistério em torno da genitália fez com que, logo após o lançamento do filme, uma empresa de produtos eróticos comercializasse dois dildos em diferentes tamanhos, inspirados no suposto pênis da criatura. Ambos foram apelidados de "a joia do Amazonas" e esgotaram-se rapidamente. Até aqui, não há muita novidade, uma vez que desde sempre monstros e humanos mantêm relações não apenas românticas, mas altamente sexualizadas, como usualmente acontece com os vampiros do cinema e com outros seres fantásticos de variadas mitologias.

Zelda, a amiga de Elisa, ao saber do idílio daquela com Asset, brinca dizendo que não se deve confiar nunca em um homem, mesmo quando parece não haver nada "lá embaixo". Fica evidente que, na compreensão da colega faxineira, o ser aprisionado se enquadrava nas características de um humano do sexo masculino. O teor altamente fetichista que percorre o ser do rio amazônico, tanto para os personagens do filme como para os espectadores, salienta o quanto a transgressão ao moralismo é deliciosa na ficção. Nota-se a amplitude do discurso da aceitação das diferenças, colocando o plano da sexualidade em evidência: ainda que Elisa e Asset formem um casal "heterossexual", as possibilidades de aproximação às convenções culturais terminam por aí.

Tediosa é a relação de Strickland com a esposa, cuja boca ele tapa para que ela não gema durante o ato sexual. Quanto a Elisa e Asset,

20 Cf. entrevista de Carlos Megía: https://smoda.elpais.com/moda/actualidad/la-forma-del-agua-polemica-sexual/.

há algo que escapa à interpretação genital simplista do coito, e é a este ponto que me atenho para avançar na análise. Para além dos mitos ictiofálicos gregos e amazônicos representados por delfins e botos – animais que seduziam moças ribeirinhas e engravidavam-nas, abandonando-as desvirginadas à própria sina –, *A forma da água* reverbera que existe alguma coisa em Asset que não é da ordem falocêntrica. Tampouco a criatura de Del Toro tem um nome ou uma espécie definida, assemelhando-se, neste quesito, a centenas de outros seres desmerecidos e inominados. Na ficção científica, são comuns títulos bem vagos, como *A ameaça veio do espaço* (*It came from outer space*, Jack Arnold, 1953), *Them!* (Gordon Douglas, 1954), *O monstro do mar revolto* (*It came from beneath the sea*, Robert Gordon, 1955), *O conquistador de Vênus* (*It conquered the world*, Roger Corman, 1956), *The monster that challenged the world* (Arnold Leven, 1957), *Monster from green hell* (Kenneth G. Crane, 1957), *A ameaça do outro mundo* (*It! The terror from beyond space*, Edward L. Cahn, 1958), *Nasce um monstro* (*It's alive*, Larry Cohen, 1974), *It lives again* (Larry Cohen, 1978), *Terror out of the sky* (Lee H. Katzin, 1978), *O enigma de outro mundo* (*The thing*, John Carpenter, 1982), *O monstro do pântano* (*The swamp thing*, Wes Craven, 1982), *It: uma obra-prima do medo* (*It*, Tommy Lee Wallace, 1990), *Habitantes da escuridão* (*They*, Robert Harmon, 2002), *A Coisa* (*The Thing*, Matthijs van Heijningen Jr., 2011) e *It, A Coisa* (*It*, Andy Muschietti, 2017) (cf. a esse respeito Carroll, 1990, p. 220).

Diferentemente dos monstros horrendos aos quais o *gore* deu vida – como ilustração, ressalte-se a estética *splatterpunk* de *Extermínio 2* (*28 Weeks later*, Juan Carlos Fresnadillo, 2002)[21] –, Asset (ou apenas "*la Criatura*", em espanhol) deborda em nós a nostalgia da convivência com um elo perdido. Afinal, o ser anfíbio foi retirado de um dos rios da América do Sul – e esta é a informação mais

21 Sobre os zumbis neste filme, cf. Messias, 2022a, pp. 390-397.

exata sobre ele que se obtém no filme. Pode ser que Asset viesse a ocupar o lugar de um antigo deus ou um totem para alguma tribo amazônica, e a escolha geográfica não foi por acaso: esta vasta região sul-americana é cada vez mais revisitada por teorias antropológicas e comunicacionais. Em vez de povos rudimentares debandados em pequenos grupos, sabe-se que, bem antes da chegada dos europeus, o subcontinente amazônico era povoado por cerca de dez milhões de indivíduos que foram capazes de lidar com a floresta sem lhe causar grandes deteriorações.

O filme *O monstro da lagoa negra* – que tanto apaixonou Del Toro na infância e deixou no diretor uma ponta de insatisfação pelo fato de "a bela e a fera" não terem terminado juntos – só veio a ser realizado por sugestão de um diretor brasileiro que encontrara o produtor William Allanda na casa de Orson Welles e havia comentado sobre um amigo que desaparecera na selva quando rodava um documentário sobre um povo-peixe. No filme de 1954, o monstro seria o último sobrevivente de supostos humanoides anfíbios da Era Devoniana.

Tanto o monstro da Lagoa Negra como o do rio incógnito do filme de Del Toro se correspondem no sentido de perfazerem um limite muito tênue entre o humano e o não humano, o civilizado e o bárbaro e, mais ainda, situam-se entre uma cultura dominadora e uma idílica paz em terras invadidas, reforçando dualismos que alimentam, há séculos, nossa filosofia. Pode-se localizar, no cinema dos anos 1950, uma "desfamiliarização da geografia doméstica" (Hantke, 2014, p. 266), quando filmes de terror, ficção científica e aventura se voltaram para locações exóticas, mas, daquela vez, não de forma alegórica e não historicizada, como se dava em produções de duas décadas antes. Justo na metade do século passado, emergiram nas grandes telas dos *drive-ins* novos espaços planetários em que os Estados Unidos afirmavam sua influência econômica e cultural. Descortinava-se a época das aventuras pelo continente americano abaixo do Trópico de Câncer, com destaque para a misteriosa bacia do Amazonas e seus afluentes (*A selva nua/ The naked jungle*, Byron Haskin, 1954) e para o México (*O escorpião negro/ The black scorpion*, Edward Ludwig, 1957), mas também tendo como alvo a Ásia (*Cult of the cobra*, Francis D. Lyon, 1955) e as regiões polares (*O monstro do Ártico/The thing from another world*, Christian Nyby, 1951; *O monstro do mar/The beast from 20,000 fathoms*, Eugène Lourié, 1953; *The deadly mantis* (Nathan Juran, 1957), *O submarino atômico* (*The atomic submarine*, Spencer Gordon Bennet, 1959), todas elas geografias de interesse para os movimentos de tabuleiro da Guerra Fria.

Além de tudo, Elisa e seu amante semiaquático de *A forma da água* nos levam a um passeio rápido por outras cinematografias, nas quais a migração ou a redesignação de gêneros está presente. Por exemplo, no *thriller* catalão *Palabras encadenadas/ Killing words* (Laura Mañá, 2003), estão evidenciadas as relações e os embates entre gêneros e questões em torno do desejo da mulher, o que também se dá em *A pele que habito* (*La piel que habito*, Pedro Almodóvar, 2011), em que uma pele transgênera e impermeável é desenvolvida por um cirurgião plástico a fim de modificar o corpo de uma misteriosa mulher que ele acaba por aprisionar. Esta última obra, por sua vez, alude a *Os olhos sem rosto* (*Les yeux sans visage*, Georges Franju, 1960), em que um cirurgião tenta remodelar o rosto da filha acidentada por meio de doadoras vivas, e igualmente ao filme espanhol *O terrível Dr. Orloff* (*Gritos en la noche/The awful Dr. Orloff*, Jesús "Jess" Franco, 1962), também inspirado no filme de Franju. Na obra de Jess Franco, um médico louco também tenta reparar a face da filha desfigurada a partir da pele de outras mulheres; o personagem foi inspirado no romance *The dark eyes of London*, de 1924, do escritor de romances de mistério e crime Edgar Wallace.

De forma mais ampla, *A forma da água* ainda nos remete a um mergulho na cinematografia fantástica espanhola. Mesmo que não tenha como cenário a Espanha, este filme acaba por formar uma tríade (mas não uma trilogia) com *A espinha do diabo* e *O labirinto do fauno*. São três produções de forte sabor poético que trazem homenagens a monstruosidades fortemente ibero-americanas, incluindo-se um tipo de fabulação muito presente em produções artísticas latino-americanas e que mesclam o extraordinário e o comum na ordem do dia. Cada um desses três filmes faz referência a filões específicos, como os *blockbusters*, os filmes B, o gótico inglês e o espanhol, e as lendas que a Península Ibérica e o Novo Mundo não teimaram em esquecer. Neste contexto, cabe voltar ao início do século passado, quando a tecnologia cinematográfica, prima - ainda que ilegítima - dos experimentos espiritualistas, conheceu as *féeries* de *The red spectre* (1907), *La maison ensorcelée* (1908), *Excursión en la Luna* (1908), *Métamorphoses* (1912), entre muitos outros filmes que Segundo de Chomón produziu de 1902 a 1927.

Motivos do cinema fantástico espanhol

Existe uma Espanha profunda que alimenta imaginações artísticas. É a mesma que se carrega das cores e traços góticos do Romantismo tardio. Ela está presente na obra francófila do polonês Jan Potocki, *O manuscrito encontrado em Saragoça*, escrita entre 1796 e 1810, e adaptada para o cinema em 1964 por um diretor conterrâneo seu, Wojciech Jerzy Has. Ambas são obras de arte muito representativas do fantástico ibérico. Da mesma maneira, essa Espanha de feitiços e demônios em sabores medievais está figurada em *Contos da Alhambra*, de Washington Irving, livro em que são encontrados relatos e recontos do autor americano a partir de suas férias em Granada em 1829. Também evoco as famosas lendas recontadas pelo andaluz Gustavo Bécquer, por muitos considerado o Edgar Allan Poe espanhol, porém, infelizmente esquecido pela cinematografia de seu país. Dele, poucas referências são encontradas na ficção audiovisual, entre elas *El huésped de las tinieblas* (Antonio del Amo, 1948), um tipo de biografia do escritor, *La cruz del diablo* (John Gilling, 1975, com roteiro de Paul Naschy), *El bosque animado* (José Luis Cuerda, 1987) e *O apóstolo* (animação de 2012 do galego Fernando Cortizo), esta última reportando-se à lenda galega da Santa Compaña.[22] Para a TV, o autor foi homenageado com o capítulo *El rayo de luna* (30 de dezembro de 1968) para a programação de *Novela* (TVE), *La promesa* (Josefina Molina, 3 de dezembro de 1974) e *Maese Pérez, el organista* (Antonio Chic, 2 de janeiro de 1976), parte do programa *Cuentos y Leyendas*, também da TVE. Diferentemente dos demais autores que cito, a obra potockiana vem carregada do maravilhoso para, passos adiante, mostrar-nos o quanto somos capazes de ser enganados. Cervantes também o sabia fazer com muito talento, validando *avant la lettre* a máxima de Goya de que o sono da razão produz monstros.

O cinema fantástico da Espanha, em princípio tímido e marcado pela censura, teve representantes notórios em filmes como *Noche fantástica* (Luis Maquina, 1943), *La casa de la lluvia* (Antonio Román, 1943), *El huésped de las tinieblas* (Antonio del Amo, 1948) e *Cuentos de la Alhambra* (Florián Rey, 1950). Nos anos 1960 e 1970, a cinematografia espanhola ganhou mais proeminência com obras que costumavam percorrer o caminho dos baixos orçamentos e de produções intensas com vistas a alimentar um novo nicho expressivo no mercado, atento a temáticas como a violência e o *sexplotation*.

22 A Santa Compaña é uma lenda ibérica pagã que foi cristianizada e até hoje assume várias versões, inclusive no interior do Brasil. O enredo gira em torno de uma procissão de almas do purgatório. À meia-noite, os fantasmas saem tendo à sua frente uma pessoa viva que carrega uma cruz e uma vasilha com água benta. Esta pessoa em hipótese alguma pode olhar para trás, e só será capaz de se livrar de tão funesta função entregando seu compromisso a outro humano vivo. Para uma versão mineira do relato, cf. Messias, 2004.

Costuma-se dizer que a formação do cinema fantástico espanhol se deu entre 1961 e 1967, sobretudo polarizada pelo diretor Jesús Franco. Até então, vários filmes seguiam o caminho das produções góticas e cíclicas ao estilo da inglesa Hammer e da americana Universal, ainda que se desenvolvesse a representação de personagens próprios, como o famoso lobisomem Waldemar Daninsky e o cirurgião louco Dr. Orloff. Pode-se afirmar que este cinema ganhará terreno findada a era franquista, vindo a abrigar as fobias de um povo marcado por um regime totalitário durante décadas. Assim, germinaram formas vampirescas, licantrópicas e fantasmagóricas que ganharam visibilidade também fora do país. Paralelamente aos filmes americanos, formou-se um euro-terror calcado numa "monstro-cultura" influenciada pelo culto aos monstros na Universal dos anos 1930. Para Iván Gómez García (2013, p. 195), parte da mitologia pseudoespanhola (como os cavaleiros templários errantes do diretor Amando de Ossorio) se misturam a médicos loucos, zumbis, lobisomens e também a Frankenstein.

Em sua mais remota origem, demarca-se oficialmente o filme fantástico espanhol como nascido sob a direção do aragonês Segundo de Chomón (*El hotel eléctrico*, 1905), quem, entretanto, teve de recorrer à França para colocar em prática sua arte, cuja inventividade foi comparada à de Georges Méliès. O primeiro longa-metragem de terror do país, porém, foi *El otro* (Joan Codina, Eduardo Zamacois, 1919, com 127 minutos de duração), em que o espírito de um médico perturba a esposa e o amante. Deve-se mencionar, como representantes esparsos de um fantástico reprimido, obras como *Fue una pesadilla* (Miguel Ballesteros, 1925), *Más allá de la muerte* (Benito Perojo, 1925) e *Una de miedo* (Eduardo Maroto, 1935). Este gênero na Espanha foi tão censurado e desprovido de recursos financeiros devido à Guerra Civil e à ditadura que, muitas vezes, foi necessário se filmar em Portugal. Os sintomas culturais do século XX espanhol não apenas reverberaram na indústria cinematográfica, como foram por ela flagrados.

De forma geral, a Espanha conhece três momentos principais em seu cinema fantástico: o primeiro, bastante prolífico, começou nos anos 1960 e foi até princípios da década de 1980; o segundo, decadente e mais reflexivo, adiantou-se até o início deste século; o terceiro é o período contemporâneo, marcado por um gosto crescente dos espanhóis pelo gênero, revitalizado por novas gerações de diretores.

Na década de 1960, surgiu o termo *fantaterror* para dar conta de uma forma de expressão cinematográfica específica daquele país, tendo como obra inaugural *O terrível Dr. Orloff* (*Gritos en la noche*, 1962), de Jesús Franco. Outros diretores se somaram ao subgênero, como Carlos Aured, León Klimovsky, Amando de Ossorio, Enrique López Eguiluz e Jacinto Molina. Este último, com o pseudônimo de Paul Naschy, também atuava como o famoso lobisomem de *La marca del hombre lobo*, dirigido por Eguiluz, e de *La noche de Walpurgis* (León Klimovsky, 1971) e suas continuações, ainda que *La torre de los siete jorobados* (Edgar Neville, 1944) seja considerada uma obra precursora. A Amando de Ossorio couberam os zumbis (como os de *A noite do terror cego/ La noche del terror ciego*, de 1972, e de *O retorno dos mortos vivos/ El ataque de los muertos si ojos*, de 1973), os quais apresentavam, dentro das possibilidades da ditadura, uma estética limítrofe ao gótico e sedenta de erotismo. *A noite do terror cego* foi inspirado em *A noite dos mortos-vivos* (*Night of the living dead*, George Romero, 1968) e em um conto de Gustavo Adolfo Bécquer, *El monte de las ánimas*, de 1862: o enredo trata de um grupo de pessoas que se depararam com uma antiga maldição em um povoado medieval abandonado. *O retorno dos mortos-vivos* é o primeiro filme da tetralogia dos "Templários Cegos", composta ainda por *El ataque de los muertos sin ojos* (1973), *El buque maldito* (1974) e *La noche de las gaviotas* (1975).

Para Reyes (2017), o fantaterror "é um termo útil, não apenas resultante de limitações de gênero que ele pode impor, mas porque ele aponta rumo a certas semelhanças industriais, cinematográficas e orçamentárias que os filmes de horror tiveram durante este período" (p. 192, tradução minha).[23]

Com a decadência do franquismo e o início da chamada Transição (anos 1960-1970), o cinema de terror ressurgiu na Espanha com qualidade temática e formal, a exemplo de *La marca del hombre lobo* (Enrique Eguiluz, 1968) e *Al otro lado del espejo* (Jesús Franco, 1973). Eguiluz levou à grande tela um licantropo ibérico que ajudou a impulsionar o fantaterror.

Durante cerca de dez anos, a Profilmes, criada em 1965 em Barcelona, foi considerada a Hammer da Espanha, tendo recebido a colaboração dos cineastas e produtores Ricardo Muñoz Suay e Joé Antonio Pérez Giner. A produtora criou vampiros, fantasmas, lobisomens e outros monstros que, entretanto, perderam força nos anos 1980, quando o cinema de terror espanhol decaiu para só então ser retomado com vigor na virada do século, adotando, entretanto, a americanização em várias de suas obras.

Da extinta produtora da Catalunha, saíram filmes que externalizavam os medos ligados ao franquismo e, não por acaso, foi naquela região tão reprimida nas décadas anteriores que o gênero frutificou, a exemplo de *La maldición de la bestia* (Miguel Iglesias, 1975), outro lobisomem moderno da Península e que se mostrava como uma criatura feroz, recusando-se a obedecer aos donos em busca de uma liberdade selvagem. Em outros filmes, como *La rebelión de las muertas* (León Klimovsky, 1972), a entrada – incômoda para a época – das espanholas no mercado de trabalho era representada

23 No original: "*is a useful term, not because of the generic limitations it may impose, but because it points towards certain industrial cinematographic and budgetary commonalities of the horror films made during this era*".

por um grupo de mulheres afetadas por magia. Nesse período, Jesús Franco se salienta como o maior representante do terror erótico, com uma coleção de mais de duzentos filmes tipo B que podem ser entendidos como fundamentação do terror cinematográfico na Espanha, a exemplo do mencionado *Gritos en la noche* (1961), mas também de *Necronomicon* (1966), *Drácula contra Frankenstein* (1972) e *La mansión de los muertos vivientes* (1985).

Se traçássemos uma linha desde 1961 até nossos dias, o cinema fantástico espanhol teria três motivos principais em meu entendimento, de certa forma interconectados: 1) o antiautoritarismo; 2) a infância à deriva ou solitária; 3) a violência erotizada. Os vértices dessa tríade podem ser subcategorizados, de tal maneira que, por antiautoritarismo, entende-se não apenas o enfrentamento do regime fascista e de suas consequências na cultura espanhola (como o machismo e a heteronormatividade como regra), mas também a figura patriarcal (tanto soberana como familiar) de índole perversa, sádica, psicopata e, muitas vezes, repetidora de uma espécie de maldição (como ocorre em filmes em que um médico louco continua as atrocidades dentro de uma mesma linhagem). O resumo desse panorama no cinema seria a evocação nacional de um pai monstruoso, franquista, metaforizado no Dr. Orloff, mas não somente; ele se desdobrou no patriarcalismo católico – e o exemplo mais proeminente são os zumbis cegos de Ossorio – e em terríveis figuras paternais que não descansariam em suas tumbas (*El espanto surge de la tumba*, 1973, e *Latidos de pánico/ Panic beats*, 1983, ambos de Paul Naschy). Três filmes mais contemporâneos ilustram este tópico no aspecto do catolicismo: *Maldição: reze para não vê-la* (*La Monja*, Luis de la Madrid, 2005), *[REC] 2: Possuídos* (*[REC] 2*, Jaume Balagueró, Paco Plaza, 2009) e *Tin & Tina* (Rubin Stein, 2023). O oposto do pai monstruoso, todavia, acaba por ser o monstro paternal, como se percebe em *A forma da água*, quando Asset cura, protege e ataca para defender quem é oprimido, e uma tal equivalência é notada em muitos filmes de influência espanhola.

Pode-se assumir que os três motivos do cinema fantástico espanhol explicitados por mim nesta obra são capazes de representar sintomas culturais que repetem a dificuldade de vislumbre de um mais além do falo: uma metáfora paterna presente, porém violenta e coercitiva, insiste em não reconhecer o monstro, a mulher e a criança, e sobremaneira no âmbito da Península Ibérica. E uma consequência da ojeriza por figuras familiares opressoras é a criação de monstros que ganham a simpatia do público, a exemplo do garoto Tomás de *O orfanato* e do lobisomem Waldemar Daninsky.

A sátira ao autoritarismo também se verifica em *Ação mutante* (*Acción nutante*, Álex de la Iglesia, 1993), ficção científica cômica de estética ciberpunk ligada a filmes como *Mad Max* (George Miller, 1979) e com produção da *El deseo*, de Pedro Almodóvar. Neste que é o primeiro longa de Álex de la Iglesia, uma corporação terrorista de seres bizarros e mutantes luta contra os humanos ricos e os bonitos, fazendo alusões às questões espanholas da época e dialogando com filmes de *bad taste*, como *Trash – náusea total* (*Bad taste*, Peter Jackson, 1987) e *Corrosão, ameaça em seu corpo* (*Body Melt*, Philip Brophy, 1993). Percebe-se, em *Ação mutante*, a presença das modificações corporais pela tecnologia na composição dos personagens. A ficção científica até então não tinha grande relevo no cinema espanhol: talvez não mais do que uma dúzia de películas neste gênero tivessem sido criadas antes de 1993.

O cinema fantástico espanhol deste século é muito bem representado por novos diretores que se somaram às gerações anteriores: além dos filmes que já mencionei, gostaria de citar obras como *Intacto* (Juan Carlos Fresnadillo, 2001), que traz o tema da fotografia capaz de roubar a alma do fotografado; *Darkness – as trevas* (*Darkness*, Jaume Balagueró, 2002); *Romasanta, a caça ao lobisomem* (*Romasanta, la caza de la bestia*, Paco Plaza, 2003); *Terror em Mercy Falls* (*Frágiles*, Jaume Balagueró, 2005), com a presença de fantasmas vingativos; *El habitante incierto* (*The uncertain guest*, Guillem Morales, 2005), obra elogiada como kafkiana, polanskiana e hitchcockiana ao mesmo tempo; *Hierro* (Gabe Ibañez, 2009), sobre a maternidade; *Exorcismus: a possessão* (*La posesión de Emma Evans*, Manuel Carballo, 2010), *Eva* (Kike Maíllo, 2011), insólita obra de ficção científica para a cinematografia espanhola; *Lobos de Arga* (Juan Martínez Moreno, 2010), mais um filme sobre lobisomem que homenageia o famoso Waldemar Daninsky, de Paul Naschy; *Enquanto você dorme* (*Mientras duermes*, Jaume Balagueró, 2010); *A pele que habito* (*La piel que habito*, Pedro Almodóvar, 2010), *El bosque* (Óscar Aibar, 2012); *As bruxas de Zugarramurdi* (*Las brujas de Zugarramurdi*, Álex de la Iglesia, 2013), *La hermandad* (Julio Martí Zahonero, 2013); *Mindscape* (Jorge Dorado, 2013), *Os últimos dias* (*Los últimos días*, Álex Pastor e David Pastor, 2013), *O agente do futuro* (*Autómata*, Gabe Ibáñez, 2014), *Ninho de musaranho* (*Musarañas*, Álex de la Iglesia, 2014), *Sueñan los androides* (Ion de Sosa, 2014); *Apocalipse* (*Extinction*, Miguel Ángel Vivas, 2015); *Regressão* (*Regresión*, Alejandro Amenábar, 2015); *Segundo origen* (Carles Porta, 2015); *Sweet home* (Rafa Martínez, 2015); *Errementari: el herrero y el diablo* (Paul Urkijo, 2017). Os títulos que listei reforçam o quanto o cinema fantástico espanhol conseguiu sair do lugar de gênero maldito e não reconhecido para ganhar proeminência mundial,[24] e é sobre o último filme mencionado que discorro no capítulo a seguir.

24 Como ocorreu com o cinema mundial, o cinema catalão teve seu início como um entretenimento popular e de massas, como "*un art de barraca*", "uma arte popular, das massas". O primeiro filme surgiu apenas dois anos após a estreia dos irmãos Lumière em Paris: foi em 1897, em um *casinet* do bairro de Sants, em Barcelona, que Fructuós Gelabert rodou *Baralla en un café*. A ele seguiu Segundo de Chomón (*L'hereu de can Pruna*, 1902).

6. A crise do humano em *Errementari: o ferreiro e o diabo*

Proponho neste capítulo uma reflexão de origem semiótico-psicanalítica e histórica sobre o diabo basco pelo viés de sua representação no filme *Errementari: o ferreiro e o diabo* (*Errementari: el herrero y el diablo*, Paul Urkijo, 2017), devedora do imaginário popular do século XIX. A partir desta ponte temporal de mais de um século, afirmo que as formas monstruosas podem, por um lado, permanecer, e, por outro, sofrer mutações que dizem do mal-estar cultural. Neste sentido, para mim, o monstro diabólico incorpora feixes e nódulos sintomáticos capazes de dizerem das novas formas de gozo, no sentido lacaniano do termo, e que se manifestam no campo audiovisual (sobre o conceito de gozo cf. Lacan, 1985).

O tema em questão é de meu interesse há anos. Durante minha pesquisa de doutorado, enveredei por um largo percurso que me permitiu estabelecer parâmetros para pensar o monstro na tradição cinematográfica, passando por representações em bestiários e em figuras góticas, até chegar aos filmes (cf. Messias, 2022a). Enquanto novos capítulos se abrem continuamente ao vasto universo dos monstros na história humana, a Idade Média, sem dúvida, é um dos momentos mais chamativos e com grande repercussão temática. Em alguns capítulos de *Todos os monstros da Terra* (cf. Messias, 2022a), abordei a presença monstruosa no pensamento medieval. Também criei tópicos que me pareceram pertinentes, sobretudo considerando o ponto de vista de quem olha a partir de uma cultura também marcada por forte tradição luso-espanhola, como é o caso da brasileira. Salientei as representações fantásticas do cristianismo, com suas repercussões em bestiários e compêndios de pseudozoologia ou criptozoologia, e sua mistura ao paganismo autóctone.

Já o cinema espanhol vive uma boa fase no que diz respeito ao fantástico. Desde finais do século passado, o número de produções tem aumentado em quantidade e qualidade, alcançando números cada vez maiores de espectadores. Ao mesmo tempo, há produções que, desde sempre, tratam de temáticas muito caras àquele país, como o já mencionado desamparo infantil frente a experiências traumáticas, mas também a Guerra Carlista, a Guerra Civil e o franquismo. A primeira temática – ligada à infância – e as demais, que podem ser sintetizadas em um desejo de denúncia e enfrentamento do autoritarismo e do totalitarismo, estão também presentes em *Errementari*, que se originou de um conto de base folclórica e expressão basca. Juntamente a outras produções, ele representa o quanto o mundo audiovisual tem estado atento à literatura fantástica do século XIX, a qual, de uma arte marginalizada, ganha cada vez mais respaldo acadêmico.

No País Basco, *O ferreiro e o diabo* é um conto popular com múltiplas versões, algumas mais simples e outras mais complexas, que receberam diferentes adaptações para matrizes literárias e audiovisuais. No caso específico do filme de Paul Urkijo, a inspiração se deu no conto *Patxi errementaria*, recolhida por J. M. Barandiaran, um padre antropólogo que dedicou a vida a registrar lendas regionais. Para aqueles que conhecem bem a herança ibero-americana, a história traz vários elementos que identificam uma determinada tradição proveniente da oralidade e que repercute formas tardomedievais de se entender o mundo. Nessas relações intersemióticas, cito, como exemplo, o conto *A Dama Pé de Cabra*, originariamente do século XI e recontado no século XIX pelo autor português Alexandre Herculano no segundo tomo da obra *Lendas e narrativas* (Herculano, n.d.). Nele, a figura de uma bela mulher solitária e de aparência moura seduz um fidalgo, sem, entretanto, deixar que ele perceba de imediato os aspectos demoníacos da figura com a qual virá a se casar.[1]

Por toda a América Latina de influência católica e ibérica, restam coletâneas bastante ricas de histórias em torno de um diabo *trickster* e de suas artimanhas para enganar os humanos. Nessas narrativas, sempre há jogos de esperteza para que se veja, ao fim, quem era o mais ardiloso. Por exemplo, nas tradições religiosas brasileiras de heranças africanas, o *trickster* está presente em lendas e mitos em torno dos orixás que, em vez de serem bons como anjos ou perversos como Satanás, se mostram ora auxiliadores, ora irados. Os colonizadores portugueses e espanhóis não entenderam essa dicotomia presente na expressão dúbia de uma ética diferente da cristã e, por isso, demonizaram a maioria dos deuses e entidades africanos ou indígenas sob a égide da evangelização do gentio. Por trás de um enorme esforço por se domesticar o estar-no-mundo do outro, havia um desejo de inferiorizar e degradar as comunidades indígenas e quilombolas, associando suas religiões com as marcas do satânico. Quase como se fosse uma cruzada itinerante e multifocal, foram realizados genocídios culturais que até hoje deixam suas marcas no imaginário dos países abaixo do Trópico de Câncer. E pode se dizer que o diabo americano, como na Península Ibérica, foi um dos seres que jamais saía de cena: ele se travestia, se disfarçava, se disseminava em piadas e em anedotas e seguiu seu caminho como produto da fabulação cultural tanto em um como em outro lado do Atlântico. Não se trata apenas de hábitos e fenômenos linguísticos, mas, sobretudo, de maneiras como indivíduos e comunidades entendem o mundo mediante lendas, narrativas e

---

1 Para conhecer outra versão desta lenda, cf. Messias, 2010.

crendices, também consequência dos longos séculos de imposição e implantação do cristianismo católico, originando e contribuindo para a produção de um variado imaginário que mescla o temor a Deus e ao diabo com a companhia sempre muito próxima da morte, dos anjos e das almas penadas.

Esta ponte cultural é pertinente, pois, ao se analisar *Errementari*, percebe-se que o diabo Sartael, personagem de destaque no filme, traz elementos na construção de suas representações visuais que se manifestam em povos correlatos e, por conseguinte, em suas respectivas cinematografias. Meu ponto de vista semiótico, especificamente sobre esta análise fílmica, se dá apoiado na semiótica da cultura de Iuri Lotman, que buscou estudar a interação entre os sistemas semióticos e sua não uniformidade interna, bem como a necessidade do poliglotismo cultural (Lotman, 1996 [1981], p. 78), autor este comentado pelo pesquisador Mirko Lampis, que reforça o famoso conceito de semiosfera como um domínio heterogêneo e fechado de todos os fenômenos semióticos que concernem à experiência humana (Lampis, 106, p. 145).

Em conformidade tanto com Lotman quanto com Lampis, interessa-me comentar algo que estaria ligado às múltiplas redes e subredes interconectadas em um sistema cultural e, para isso, tomei o filme espanhol mencionado como um ponto de partida. A isso se agrega meu desejo de apontar, nesse intricado sistema de produções sígnicas, os reflexos da crise da condição humana, que, para mim, se deflagram na forma de sintomas culturais, em proposição lacaniana. Ao pensar em sintoma, no âmbito dos produtos midiáticos, deve-se considerar aquilo que se repete e não cessa de ser mostrado (ou, neste caso, filmado) – ou seja, aquilo imbuído de recalque e que, de tão ignorado, se expõe em círculos sintomatológicos que costumam ser apreendidos usualmente pela crítica de cinema como "tendências" ou "temáticas". Sempre o mal-estar civilizacional se expressa como sintomas que nos pedem interpretação.

É daí que parto para minha indagação-chave de anos: em que medida uma forma monstruosa se torna ilustrativa de certa sintomatologia? Estamos, pois, no plano de alteridade: os monstros também são nossos outros. Eles, por sua vez, não obedecem a fronteiras e sua contenção geográfica é uma mera forma de "domesticá-los". De fato, a criação de monstros repercute em várias culturas, e, neste entendimento, as chamadas identidades culturais podem ser um conceito forçado que pressupõe uma tensão entre o eu e os outros, espécie de rechaço narcísico calcado em ideias de pureza e exclusividade e, muitas vezes, uma afronta à polissemia de leituras e à interdependência dos fenômenos semióticos.

Se um monstro respondesse, o que nos diria, parodiando Jacques Derrida (2011), quando este discutia a linguagem animal? Assim como o gato que mirava o filósofo francês em sua nudez, podemos metaforizar que todo monstro é espectador de nossa condição. Não por acaso, boa parte das monstruosidades implica o olhar – espécie de borda da pulsão escópica. Sartael, o diabo engaiolado do filme de Paul Urkijo, primeiramente atrai os humanos quando estes o observam perplexos, quase não acreditando no que veem. Em seguida, estes se aproximam para, só então, tergiversarem. A pulsão escópica guia essa descoberta, assim como se dá com a terrível mãe do ogro Grendel, de *Beowulf*; ou, ainda, com a Medusa e seu mortífero olhar direto; e ainda com Polifemo, o ciclope devorador.

De acordo com Umberto Eco, proporção e harmonia – dentro dos cânones clássicos – predizem uma imagem bela. Segundo o autor, na Idade Média, James of Vitry fazia um elogio à Beleza presente nas criações divinas, e dizia que "Provavelmente, os ciclopes, que têm apenas um olho, ficam impressionados com aqueles que têm dois olhos, assim como nós nos maravilhamos com eles e com as criaturas que têm três olhos"[2] (Eco, 2007, p. 11, tradução minha).

---

2 No original: "*probably the Cyclops, who have only one eye, are amazed by those who have two of them, just as we marvel both at them and at creatures with three eyes*".

O mesmo autor ainda nos informa sobre os monstros que proliferavam nas representações artísticas medievais como sendo capazes de despertar sentimentos dúbios no observador:

> *E foi assim que os monstros, amados e temidos, mantidos à distância, mas ao mesmo tempo livremente admitidos, começaram a ocupar um lugar cada vez mais importante na literatura e na pintura, desde as descrições do inferno de Dante até os quadros posteriores de Bosch. Somente alguns séculos depois, no período romântico e decadentista, o apelo ao horrendo e à Beleza do Diabo veio a ser reconhecido sem hipocrisia. (2007, p. 147, tradução minha)*[3]

Se fôssemos criar um compêndio sobre as monstruosidades da Idade Média na Península Ibérica ou do que chamo de período tardomedievo nas Américas – propondo até mesmo enumerações e tentativas de se criar uma taxonomia para as criaturas fantásticas – certamente as várias representações do diabo estariam presentes com bastante destaque. Porém, como já salientaram vários estudiosos, entre eles a pesquisadora Claude Kappler (1986): "Não existe uma definição de monstro, mas sim diversas tentativas de definição que variam segundo os autores e, sobretudo, segundo as épocas" (p. 235, tradução minha).[4] Um compêndio desses seria muito difícil de ser concluído por conta da própria condição híbrida e cambiante dos monstros nos diferentes períodos da História.

---

3 No original: "*And so it was that monsters, loved and feared, kept at bay but freely admitted at the same time, began to take a steadily more important place in literature and painting, from Dante's descriptions of the inferno to the later pictures of Bosch. It was not until a few centuries later, in the Romantic and Decadent period, that the appeal of the horrendous and the Beauty of the Devil were acknowledged without hypocrisy*".

4 No original: "*no existe una definición de monstruo, sino diversos intentos de definición, que varian segundo los autores y, sobre todo, según las épocas*".

O diabo e o desejo

Por exemplo, a forma diabólica *trickster* de *Errementari* é sintomática do quanto precisamos humanizar nossos monstros para tratar dos percalços da civilização. Assim, muitas das monstruosidades que hoje vêm pelo cinema são demasiadamente humanas, empregando a famosa expressão de quando Nietzsche (2001) fez sua crítica à moral. Os monstros buscam trazer uma nova concepção de homem, opondo-se à ideia de um ser racional que teria pleno controle de si ao dominar as causas e os processos que definiriam sua conduta. Neste sentido, as figuras diabólicas ibero-americanas podem adicionar mais um golpe às feridas narcísicas humanas.

Partindo-se do burlesco Sartael de *Errementari*, retorno a um filme brasileiro que se transformou em minissérie televisiva devido a seu estrondoso sucesso na época: *O Auto da Compadecida* (Guel Arraes, 2000), baseado na obra homônima de Ariano Suassuna, escritor que trabalhou com matrizes ibero-americanas com um sabor sertanejo. Há muito de referências medievais naquela narrativa rocambolesca, que também dialoga muito com o teatro português de Gil Vicente. Em uma das cenas do filme, diversos tipos de pecadores estão na fila das almas a serem julgadas por Cristo. Este, por sua vez, a todo tempo será interpelado pelo Diabo, que fará as vezes de um charlatão acusador. Por fim, quando tudo parece perdido para os personagens humanos, aparece a mãe de Cristo, a Compadecida, quem de fato intervém pelos que estavam prontos a serem lançados no fogo do inferno.

Esta confluência de referências me veio de imediato quando vi *Errementari*. O filme de Paul Urkijo também traz uma cena em que condenados ao inferno estão seminus, caminhando lentamente em uma enorme fila, à espera de passarem pelo portão horrendo que lhes dará acesso eterno ao reino infernal. Tampouco são merecedores de julgamento, pois cometeram pecados mortais, e vários aceitam masoquistamente o destino que lhes é atribuído. Ao lado da turba, certificando-se de que ninguém escapará, vários diabos com conformações físicas que retratam muito bem figuras medievais seguram seus látegos e seus garfos ameaçadores.

Nas gárgulas e nos grotescos das catedrais europeias, nos bestiários e nos livros sobre monstros das idades Média e Moderna, podem ser encontrados esses seres abjetos, cujos corpos se compõem por partes de insetos, de répteis, de anfíbios, de morcegos, de bodes. Na hierarquia medieval, eles seriam apenas mandatários do poderoso Diabo. Porém, ao se manifestarem no mundo dos vivos, cada qual era um deles tido como sendo o próprio senhor das trevas. No fim das contas, não passavam de lacaios que poderiam até mesmo ganhar punição, caso suas missões de roubar almas não fossem bem-sucedidas. E esse foi o caso do sofrido Sartael, que, na tradição demonológica, era tido como o encarregado de encontrar coisas escondidas.

O enredo de *Errementari*, falado em basco antigo, se passa no final da primeira Guerra Carlista, no século XIX, quando havia um grande conflito entre a razão e a tradição no País Basco. Esta guerra civil ocorreu de 1833 a 1840 entre os chamados carlistas – partidários do infante Carlos Maria Isidro de Bourbon e de uma proposta de regime absolutista – e os isabelinos ou cristinos, defensores de Isabel II e da regente Maria Cristina de Bourbon, cujo governo foi originalmente absolutista moderado e acabou se convertendo em liberal para obter o apoio popular. O filme de Paul Urkijo, ambientado como um conto gótico, expressa algo do que era, no Romantismo tardio espanhol, a revisitação de temáticas da Idade Média. A obra faz alusões ao *Inferno de Dante*, à bíblia e às figuras de Hyeronimus Bosch. No princípio, o filme se mostra mais lento, ganhando ritmo à medida que oferece ao público os dramas de um diabo aprisionado: de enganador e mentiroso, ele passa a uma vítima torturada pelos humanos, merecendo até mesmo a piedade do espectador.

O personagem principal é o ferreiro Patxi, que vive isolado em sua ferraria no meio de uma obscura floresta. As portas e os muros que guardam seus domínios parecem intransponíveis por conta dos pregos e metais pontiagudos que afastam os intrusos. Aquele homem é considerado, nas redondezas, uma pessoa monstruosa e diabólica e tornou-se uma lenda temida na comunidade local. Todos o evitam, uma vez que dizem que até mesmo o Diabo recusou sua alma. Dentro da horrenda casa, ele mantém Sartael aprisionado em uma gaiola; este, por sua vez, é uma figura curiosa e vai se mostrando cada vez mais humano: ora fanfarrão e mentiroso, ora engraçado e capaz de ajudar os humanos, ainda que com segundas intenções.

O filme construiu um diabo que, no princípio, era assustador e blasfemo, mas, aos poucos, ganhou a empatia do espectador. Em meio aos dois elementos que impulsionaram o enredo – a intolerância da Igreja Católica e a insatisfação dos bascos para com o governo central espanhol –, Sartael não foge à tradição dos seres das trevas que querem fazer pactos com os homens. Mesmo não sendo um diabo filosófico como o que se encontra na obra *Le diable amoureux*, de Jacques Cazotte, ele é portador da mesma pergunta fatal: "*che vuoi?*/ o que queres?", ou seja, "qual é o seu desejo?".

Assim como o diabo apaixonado de Cazotte, Sartael emprega a segunda pessoa para falar com os que o perseguem e que se deixam seduzir por sua lábia. Ao indagar o que a pessoa quer, ele entra no âmbito do desejo, apontando a existência da falta impossível de ser suplantada em um processo inquietante de incertezas que termina por colocar o sujeito à deriva. Podemos pensar que a figura de um diabo, portanto, incita a dimensão da alteridade ao provocar o desejo em nós. Em Cazotte, ele estava metamorfoseado em uma horrenda cabeça de camelo (Messias, 2022a, pp. 153-154). Em *Errementari*, era um diabrete vermelho de rabo pontudo e tridente nas mãos. Ainda que a obra de Paul Urkijo busque levar adiante o burlesco e o grotesco em seus personagens, não se pode negar que Sartael tenta lançar, cada qual que se aproxima dele, na via do desejo.

Existe um fascínio tanto da garota personagem chamada Usue, como dos mandatários de um investigador policial para com a criatura. Quando se deparam com Sartael, encontram um ser que parece vulnerável, mas, ao mesmo tempo, dotado de incrível capacidade sedutora mediante o uso que faz das palavras. A psicanálise lacaniana nos ensina: o sujeito, ao desejar, se experimenta como Outro. Assim, o que cada qual diz querer a Sartael, ainda que sejam tesouros valiosos ou uma mulher amada, faz de si mesmo um sujeito desejante e, por isso, à deriva. Em *O seminário, livro 7: a ética da psicanálise*, Jacques Lacan indaga a seus ouvintes: "Agiste em conformidade com teu desejo?" (Lacan, 2008a, p. 364). Na tradição psicanalítica, Lacan recorreu ao Diabo como figura simbólica para formalizar nossa alienação fundamental frente à ignorância dos próprios desejos. Neste âmbito, o homem seria um condenado a quase sempre querer o que não é desejado por si mesmo (Leite, 1991, p. 155), uma vez que o desejo do Outro se impõe. Daí provém a angústia, que poderia ser resumida na seguinte proposição: o que o Outro quer de mim?

Para Freud, o desejo era o motor da atividade psíquica, vinculado aos signos das primeiras experiências de satisfação infantil. O que o causaria, entretanto, seria algo jamais presentificável, já que o objeto causador do desejo estaria irremediavelmente perdido e dele não restariam mais do que pegadas, traços e indícios. Porém, em seu movimento de retroação, o desejo tem o poder de traçar o futuro a partir de vagas recordações flagradas em nossas marcas deixadas pelo caminho. Assim, o desejo é capaz de desenhar seu próprio caminho sobre esses vestígios, à semelhança do mecanismo de um zíper ou, ainda, de uma *cremallera* férrea, que só avança quando completa cada pequeno ciclo mecânico que lhe permite seguir seu caminho, entre repetitivas ancoragens a fendas.

Pode-se pensar que as marcas que o desejo trilha, as quais apontam o objeto perdido, são sempre reinvestidas, e isso vale, por exemplo, para as imagens, as quais têm força mnemônica e perceptiva, ainda que residentes no arcabouço do inconsciente. Os primeiros estímulos do infante que busca ser amamentado se dão pelo choro; em seguida, nutrido, advém-lhe a satisfação. Desde então, o desejo não se confundirá com uma necessidade, pois esta se dirige a um objeto concreto em busca de satisfação imediata – fome, sede, sono. Também não será apenas uma demanda – ainda que, na maioria das vezes, desejo e demanda se confundam na trajetória humana. A demanda em si se reporta ao mundo das palavras na busca de um amor que está no mais além do objeto. O desejo seria aquilo que permaneceria irredutível à demanda, não se articulando com palavras. Ele é incondicional e absoluto. Por isso, também não pode ser reduzido à frugalidade ou à banalidade da vontade.

Neste sentido, toda análise pessoal é uma possibilidade de encontro com nossos desejos. No último ensino de Lacan, a satisfação é o que vem a importar e, por isso, cabe diferenciar os desejos ligados a ela e os que partem da falta e da proibição. Não somente desejamos o que o outro deseja. Mais ainda: é no campo do Outro que nosso desejo se organiza. É preciso, pois, se perguntar se de fato se quer o que se deseja. Isso só se dá no exílio que representa o estranhamento que o sujeito experimenta no processo de análise, quando vivencia algo do êxtimo, pois, como já dizia Freud, ali onde estava o Isso é que o eu deveria emergir. Porém, as descobertas não vêm de "dentro", contrariando o senso comum: elas são, antes, consequência de uma outra volta, *a second turn*, em que, também do exterior, o sujeito se percebe, alheio à bússola da cura ou da compreensão. Descobrir algo do próprio desejo é a possibilidade de se fazer céu claro na geografia do sujeito.

Motivos do cinema espanhol em Errementari

No filme *Errementari*, Usue é uma garota desamparada muito inteligente, traumatizada pela fatalidade do passado materno e oprimida por todos aqueles que representam figuras patriarcais dominadoras e perversas. Como já mencionei neste livro, o cinema espanhol evoca muitas vezes um pai monstruoso, perverso, metaforizado em vários personagens de terror B, desdobrado no patriarcalismo católico e em terríveis figuras paternais que não descansam em suas tumbas.

Como expliquei, a infância muitas vezes se torna, no cinema fantástico espanhol, o receptáculo de um terror familiar que transforma meninos e meninas em sujeitos reprimidos, aterrorizados, magoados, possuídos ou fantasmáticos. Mesmo que nos filmes haja assassinos infantis, isso deriva da vitimização patológica e traumática causada por familiares ou pela religião, independentemente das boas intenções nos adultos. Neste tópico, existem filmes notórios, como *The others* (Alejandro Almenábar, 2001), *Hierro* (Gabe Ibáñez, 2009), *El orfanato* (Juan Antonio Bayona, 2007), *Marrowbone* (Sérgio G. Sanchez, 2017) e *Tin & Tina* (Rubin Stein, 2023).

Se, por um lado, há o abandono e a falta de atenção dos responsáveis para com as crianças, por outro, podem existir a iminência da tragédia e a necessidade premente de se amadurecer a exemplo de *Sete minutos depois da meia-noite/A monster calls*, Juan Antonio Bayona, 2016. O cinema fantástico espanhol contemporâneo, portanto, traduz o confronto entre o antigo e o novo, uma velha e uma nova Espanha, na forma de liames sociais e familiares que revelam o quanto dois tempos e várias gerações se interligam mais fortemente do que se supõe. Assim, se a criança é um personagem oprimido por excelência na cinematografia espanhola (o que também se verifica também em *Errementari*), a mulher, por sua vez, ganha um lugar especial, não apenas ao ser subjugada e questionada (*A pele que habito*, Pedro Almodóvar, 2011), mas ao ter a sexualidade transformada em objeto exclusivo de gozo machista. Em *Errementari*, o corpo da esposa de Patxi, mulher que nunca aparece em cena, é, neste sentido, monstrificado, demonizado e lançado ao inferno.

Pode-se afirmar que estes motivos do cinema fantástico espanhol presentes em *Errementari* anunciam sintomas que repetem a dificuldade de vislumbre de um mais além do falo: a metáfora paterna se faz presente, porém de forma violenta e coercitiva, insistindo em não reconhecer o monstro (exemplificado pelos demônios no filme), a mulher e a criança – três tipos historicamente caros para o imaginário cultural ibérico e muito representativos na história das intolerâncias sociais.

O diabo como paradigma

Na trama do filme, o ferreiro busca sua mulher, supostamente banida para o inferno após uma morte suicida. É em torno dela que a história se entrelaça, o que vem a envolver até mesmo as hortes infernais. Em uma perspectiva de demonização do mundo e de ameaça de perda da alma no fogo eterno, destaca-se a figura da mulher como recebedora de especial atenção: ora associada às bruxas, ora às tentadoras e belas moças que desviavam os homens de suas tarefas, o fabulário medieval em torno do feminino apresentava uma mistura que fundia à tradição cristã elementos do judaísmo e do maometismo, especialmente nos reinos ibéricos.

De acordo com as proposições de Claude Kappler (1986), podemos sintetizar certa noção de monstro na Idade Média considerando-se, ademais da impossibilidade, já mencionada, de se definir com precisão o monstruoso, que tudo o que era dito como sendo pertencente ao campo das monstruosidades tinha a ver com aquilo que fugisse à norma. Esta, sabemos bem, varia conforme os povos e as culturas. Existiu, ainda no medievo, uma corrente de pensamento de viés aristotélico que tratava o monstro como "exceção" no âmbito das proporções em que as criaturas usualmente se manifestavam, o que, nem por isso, contrariava as leis da natureza, conforme o entendimento da época. Assim, pode-se de dizer que, desde Aristóteles até Santo Agostinho, pouca coisa se altera na visão a respeito dos monstros. Para este segundo filósofo – com sua abordagem teológica e estética –, um monstro não teria jamais como fugir do que era traçado pelo plano de Deus. Portanto, não compreender um monstro era consequência de uma limitação perceptiva, já que Deus não erraria jamais; de forma semelhante, Aristóteles preconizava que a natureza não tinha defeitos.

Para o filósofo grego, o padrão formador – ou seja, a chamada causa eficiente – pertencia ao homem, enquanto o que sofria a ação da forma – a matéria – permanecia do lado da mulher. De acordo com esta proposta, a forma engravidaria a matéria e qualquer geração a partir da matéria que fugisse do esperado seria considerada monstruosa, pois resultava numa ultrapassagem de limites – ou numa dessemelhança – para mais ou para menos – da natureza. Aristotelicamente, a própria criação de um ser feminino seria um desvio, posto que o masculino era sempre o padrão. No sentido histórico, a mulher era considerada desviante, o que, na visão aristotélica, se justificava para a perpetuação da espécie. Ou seja, a mulher, ainda que não fosse "monstro", era "um homem imperfeito", e "estéril".

Kappler, na obra citada, salientou que podemos traçar uma linha desde Aristóteles até Freud, na qual, reiteradamente, se apresenta a mulher como um ser castrado por excelência. De fato, sobretudo para a psicanálise lacaniana, *A mulher* não existiria. Tal máxima provocadora pretendia discutir que, na realidade, a mulher só poderia se dar "uma a uma", e não no plano da universalização.

Por certo, está evidente que traços e indícios do monstro dos finais da Idade Média permanecem ainda hoje como formas que se reproduzem e proliferam mediante processos semióticos que podem ser percebidos nos filmes e séries. Na ponte que traço entre a Europa e a América, a figura polarizadora de Cristóvão Colombo nos instigou a pensar sobre uma nova terra prometida, revigorante e cheia de vitalismo que, em certa angulação, seria o continente americano. Até o século XV, pelo menos, tudo o que pudesse ser descrito e ilustrado nos códices era tido como real: os animais e os feitos que hoje são considerados fantásticos compunham compêndios em bestiários e em livros de viagens fictícias ou não. Não importava: quem de fato tivesse viajado por outras terras por certo havia encontrado algum monstro pelo caminho. Para atestar a veracidade do que os aventureiros contavam, bastava um depoimento, que, em geral, era tido por testemunho de boa-fé. Conforme diz Claude Kappler (1986, p. 132), o homem medieval entendia o monstro como uma anomalia normal e desejada, posto que seria uma variação de si próprio.

Na produção ibero-americana, destaco não só alguns filmes dirigidos e produzidos por Álex de la Iglesia que flertam com o diabólico (*O dia da besta*/*El día de la bestia*, 1995; *As bruxas de Zugarramurdi*/*Las brujas de Zugarramurdi*, 2013; *Errementari*, 2017), mas também os monstros de certo cinema de Del Toro, conforme já discuti neste livro: o garoto fantasma ressentido de *A espinha do diabo*, o fauno que ajuda a garota em *O labirinto do fauno* e o delicado Asset, de *A forma da água*, formam uma provocadora tríade provocadora. Todos são frutos da hibridação, assim como o azarado diabo de Paul Urkijo, e esta é, historicamente, a marca mais forte do monstruoso: ser híbrido, não estar nem lá, nem cá, pertencer à esfera do deslizante, do "entre". O diabo medieval foi uma invenção que usou elementos provenientes de seres naturais que causavam repúdio e nojo. Daí a presença de garras, asas de morcego, escamas e chifres compondo versões metade humano, metade animal dos variados tipos de demônios desde então.

No caso do cinema brasileiro, obras que aludem às formas monstruosas medievais tardias muitas vezes se confundem com enredos que se passam no interior do Nordeste, vasta região do país em que resiste um imaginário estreitamente ligado ao pensamento ibérico por muitos séculos. Ainda que não sejam necessariamente produções de terror, várias delas valem ser mencionadas aqui pelo amplo cabedal de referências monstruosas medievais que trazem, a exemplo do já citado filme *O Auto da Compadecida* (Guel Arraes, 2000), mas também *O homem que desafiou o Diabo* (Moacyr Góes, 2007), em que um homem enfrenta seu maior inimigo, Satanás; *Pequenas histórias* (Helvécio Ratton, 2007), e mesmo obras mais antigas, como *A marvada carne* (André Klotzel, 1985), em que o Diabo aparece à meia-noite em uma encruzilhada para fazer pacto com um homem que queria comer carne, e *Ele, o Boto* (Walter Lima Jr., 1987), adaptando, no contexto amazônico, o velho mito delfínico ictiofálico do sedutor Apolo, que percorreu o imaginário medieval por meio de livros e narrativas orais.

Hoje, o monstro nos serve tanto como paradigma quanto como baliza para investigações de cunho tanatopolítico e semiótico-psicanalítico. Nosso mal-estar contemporâneo diz também das novas formas de controle e governabilidade, e estas, em grande medida, implicam o corporal – já não mais apenas o controle e a vigilância do corpo, mas também o extermínio de corpos que a sociedade neoliberal, em sua perversão, considera como redundantes, ou seja, como desnecessários para a continuidade de sua maquinaria produtiva – a exemplo dos economicamente miseráveis, dos muito obesos, dos que trazem descapacidades mentais, dos idosos etc.

Em termos lacanianos, pode-se dizer que o cinema insiste em nos dizer de um corpo falante que se modifica e se desdobra pela tecnologia, mas também a despeito desta. *Errementari* reflete como ainda temos medo do Outro e como esse temor reflete nosso incômodo por formas de expressão que não coincidem, ao menos explicitamente, com as nossas. E, nesse contexto, o diabólico incomoda porque escancara as brechas do desejo, enquanto o gozo e o mais-gozar – este último, importante conceito criado por Jacques Lacan em seu

Seminário 16: de um Outro ao outro (Lacan, 2008b) em homologia à mais-valia marxista – norteiam a sociedade capitalista neoliberal, tornando-a paranoica e xenofóbica.

Amparado sob o discurso do mestre, o mais-gozar aponta uma perda, um gozo não vivido e excedente, o qual o sujeito é incapaz de nomear. Por isso o Diabo é capaz de ser a metáfora do sujeito lançado no turbilhão das demandas que lhe são continuamente feitas como possíveis e enganadoras formas de se encontrar a felicidade, posto que espelhadas no desejo do Outro.

Neste ponto de vista, houve uma corrente estética que foi capaz de demonstrar o quanto a lógica perversa da Razão não se validava frente às alterações do mundo e do corpo: trata-se do gótico, homenageado pelo diretor do filme em questão. Foi este estilo que proporcionou uma revisitação à Idade Média quando a ciência positivista queria tudo explicar. De expressão artística considerada inferior, sem grandes arroubos, ele abriu caminho para a cultura de massa e para a própria ficção científica. O brilho da criação gótica estaria justamente em sua vocação à sombra. Neste umbral das transformações, porém, reside o monstro. Por isso mesmo, Sartael – com suas possibilidades de travestismo, de burla, de reencantamento –, ludibria os mortais. É ele quem confunde natural e sobrenatural, cultura e barbárie, real e irreal. É um híbrido, um pícaro, uma paródia dos excluídos. Redimensiona as possibilidades de entendimento de nossa condição humana, em grande parte por conta de um corpo metamorfoseante.

Se Sartael, em sua sina que lhe obrigou a viver entre os humanos, pudesse responder alguma pergunta feita por estes, o que lhes diria? Talvez declarasse até mesmo seu amor por aqueles que o acorrentaram, ou, ainda, insistisse em ficar entre as pessoas. Não se trata de um monstro que nos rechaça; pelo contrário, ele insiste em estar em nosso meio, possivelmente movido por uma enorme identificação.

Seria esse diabo também uma resposta à fragilidade humana, que busca dar conta do próprio desejo, sempre espelhado, porém, nesse Outro que nunca chega? Por isso, nossa espécie parece condenada aos enganos desse labirinto ou dessa floresta escura no seio da qual se esconde um ferreiro que busca desesperadamente a mulher que não soube desejar. *O ferreiro e o diabo* não é só um conto basco: é também a expressão da encruzilhada ontológica da qual não temos conseguido sair.

7. Elogio aos monstros

Honra-me saber que a parceria entre a psicanálise, a semiótica, o cinema e a literatura[1] causa interesse. Afinal, se por um lado o monstro, meu querido objeto de pesquisa, é apreciado pelas crianças e jovens e multiplicado ao infinito pelas mídias e as artes, ainda existe um preconceito com o fantástico, no qual este é visto como uma espécie de antípoda da realidade, do verdadeiro, do factual, o que o faz, algumas vezes, ser entendido como mero divertimento empobrecido de sentidos, nada mais do que evasão e fuga ou, ainda, apenas uma temática para aficionados do terror e da ficção científica.

Sempre batalhei para que esta perspectiva mudasse, ressaltando no monstruoso o lugar que ele ocupa na civilização e mostrando seus aportes para a complexa e cambiante constituição do que ainda se pode chamar de humano, e também para os seus efeitos, agora já encarnados no Antropoceno. Vários dos filmes que atraem a atenção para as questões contemporâneas são *blockbusters*, ou seja,

---

1 Texto adaptado da conferência apresentada no evento "EBP na Cidade", promovido pela Escola Brasileira de Psicanálise (EBP), Seção São Paulo, em parceria com a Fnac Pinheiros, no dia 17 de março de 2018, na cidade de São Paulo.

obras que atendem à demanda de um vasto público, e, com isso, demarco minha tolerância para com aquilo alguns denominariam "filmes de gosto duvidoso", "modismos" ou "entretenimento barato". Afinal, quanto mais uma forma atrai os olhares, mais talvez ela esteja carregada de indícios dos sintomas da cultura.

De início, reforço a dificuldade para se encontrar uma definição geral do termo "monstro", pois a compreensão deste varia enormemente de época a época, de cultura a cultura, de campo de estudo a campo de estudo. Porém, creio ser bastante uma conceituação que carrego comigo, como resultado de minhas deambulações pelo reino dessas criaturas quase sempre rejeitadas. Para isso, recorro a alguns exemplos fílmicos.

Alguém entra no porão em busca de uma misteriosa velhinha sentada em uma cadeira e de costas para quem vem lhe visitar. Ao ser bruscamente virada, surge, não uma mãe senil, mas um corpo embalsamado, em cuja caveira se notam dois buracos a mirarem o espectador com escárnio: *Psicose* (*Psycho*, Alfred Hitchcock, 1960).

Uma bela mulher, atraída por um solteirão cobiçado, defronta, em uma cidadezinha à beira-mar, não apenas uma fragilizada e possessiva mãe, mas igualmente uma revoada raivosa de aves de bicos aduncos que vêm do nada e para o nada vão: *Os pássaros* (*The birds*, Alfred Hitchcock, 1963).

Certa manhã, pessoas ocupadas com suas vidas corriqueiras param para apreciar a gigantesca sombra que se interpõe sobre seus destinos. Trata-se de uma nave espacial hostil: *Independence Day* (Roland Emmerich, 1996).

Quando a vizinha adolescente tenta entrar na casa do novo amigo, ela sangra pelos orifícios do rosto de maneira agonizante, até que o garoto convida, de bom grado, a insuspeita vampira a passar adiante: *Deixa ela entrar* (*Låt den rätte komma in*, Tomas Alfredson, 2008).

Uma jovem faxineira, durante seu turno de trabalho, descobre dentro de um tanque d'água um ser anfíbio prisioneiro de militares e com ele leva adiante uma relação amorosa: *A forma da água* (*The shape of water*, Guillermo del Toro, 2017).

Nada mais monstruoso do que garotos gêmeos que, no lusco-fusco entre o sobrenatural e um Édipo sobressaltado, colocam máscaras pintadas por eles próprios e atam a mãe na cama, desconfiados de que ela não é quem dizia ser: *Boa noite, mamãe* (*Ich seh, Ich seh*, Veronika Franz & Severin Fiala, 2014).

Em uma manhã ensolarada no parque, domingueiros veem emergir, do rio que corta Seul, um ser anômalo, fruto de um vazamento químico propiciado por cientistas americanos. Em arroubos e galopes, aquele corpanzil em puro instinto sequestra uma garota diante dos olhares de todos, sem intimidações: *O hospedeiro* (*Gwoemul*, Joon-Ho Bong, 2006).

Portanto, o monstro, para mim, é aquele, aquilo – ou mesmo Isso, em chave lacaniana – que quebra a aparente normalidade das coisas, irrompe no cotidiano ou, simplesmente, nos acena com uma possível (ainda que improvável) presença. Desta forma, todo monstro nos intercepta para, em consonância com a etimologia latina, "mostrar-nos" algo: o que não quer ser visto. O que não pode ser comentado. O indesejado. O sem-bordas. O entre-fronteiras. O que só pode ser referenciado por eufemismos, como o sombrio Hades, o "rico", "o generoso"; ou como "nossas mães queridas", as "senhoras dos pássaros da noite", designações pelas quais os iorubás se reportam ao trio das feiticeiras Iyá-Mi, medonhas corujas empoleiradas nos galhos da árvore do orobô.

O monstro, por conseguinte, também é o tabu. O canhoto. O tinhoso. A coisa que samba no meio do *redemunho*, saudando aqui a inventividade de Guimarães Rosa (1985).

A velha a grasnar

As histórias de monstros que a contemporaneidade conhece pelos mais diversos suportes – o literário, o cinematográfico, o televisivo, o dos games – devem muito e diretamente à oralidade. E é aqui que encorpo minha fala, porque, se está na ordem do dia pensar o impacto – assombroso, sublinho – que esse admirável mundo (não tão) novo das biotecnologias causa no humano, no corpo falante e na civilização, cabe um retorno poético a quem, na sombra e na surdina dos séculos, fazia o monstro circular. A quem a ele deu vida e voz.

No alvorecer da era chamada moderna, no rústico interior rural da França, nas aldeias da Península Ibérica ou nas planícies úmidas da Inglaterra, eram elas que a ele anunciavam: as velhotas tidas por bruxas, corcundas de tanto fiar e, que, no afã de fazerem as horas escorrerem por conta do trabalho tedioso e repetitivo, reproduziam e inventavam, entre si e para as jovens aprendizes, uma eloquente cartilha de seres subjugados e horrendos, de princesas e príncipes, de animais conversadores e de objetos dançantes.

À noite, também eram elas, as senhoras desdentadas e catacegas, que ajuntavam, nos ermos em que moravam – os arredores dos burgos, os extramuros, as clareiras e os descaminhos – uma audiência diversa, indolente, composta por crianças, jovens e adultos; e pelos curiosos, os crédulos, os proscritos, as prostitutas, os ciganos, os que estivessem apenas de passagem.

Eles se silenciavam à volta do lume para escutarem a voz da velha mulher, às vezes tão estridente como o grasnado de uma gansa, em que Charles Perrault se inspirou para seu título *Les Contes de ma Mère l'Oye* (*Os contos da Mamãe Gansa*), de 1695. Foram também diversas as mulheres que narraram aos Irmãos Grimm os contos de terror, hoje tão edulcorados pela "correção pedagógica". Entre as da família, incluía-se Dorothea, a irmã dos escritores.

O pai de Oscar Wilde, médico em Dublin, costumava solicitar histórias como pagamento às suas clientes mais pobres, e a esposa, que tinha o belo nome de Speranza, as recolheu todas, as quais vieram a influenciar as criações literárias posteriores do filho.

No Brasil, foram as amas de leite e as negras, tanto as das senzalas como as que atendiam a casa grande, quem criaram e reproduziram muitas histórias de espanto, oferecendo um caldeamento entre monstros herdados por várias origens, a maioria deles vindos como passageiros clandestinos nos porões das caravelas, e enclausurados nos baús que continham pergaminhos e códices, bem como em narrativas formidáveis do Oriente e das Índias, da Grécia e da África.

Meu monstro de estimação

Maravilhas, prodígios, portentos.

"Aqui há monstros", diziam as imperfeitas cartas náuticas, e os jesuítas do século XVI, perplexos frente a um mundo às avessas, confirmaram muitas daquelas formas pagãs que puxavam os pescadores para o fundo dos rios e lagos, a fim de lhes devorarem as vergonhas, ou, ainda, que arrancavam os corações dos caçadores no misterioso fundo da floresta negra.

O boto ictiofálico, hibridismo apolíneo do mar Egeu, veio-nos transmigrado na forma brejeira do rapaz namorador com um furo na cabeça, enquanto as fadas ibero-celtas da linhagem tanto melusiana como medusiana viraram tapuias morenas que se mesclaram à graciosidade das deusas da Costa da Mina.

Em algum momento desse caldeirão de histórias, coloco minha avó paterna, lá em Minas Gerais, que me contava histórias várias, entre as quais a do terrível "eu caio", figura fantasmagórica que vinha ao chão aos pedaços, alojada sob o telhado de uma casa mal-assombrada, porém, antes, avisando o intruso de sua presença por meio de um lenga-lenga linguístico.

No antigo conto, parecia que quem se deparasse com aquela voz acusmática na casa encantada não esperaria para ver o bicho que se formaria depois que todas as suas partes se unissem sobre o assoalho de madeira.

Aos 5 anos, eu olhava para o teto da velha casa de minha avó enquanto ouvia a história. Ela, desconfiada de que houvesse algo no relato de excessivamente incômodo, dizia-me: "no final, era só um mágico que tinha se escondido por lá". Mas aquela explicação rápida não tinha efeito, nem me convencia, porque o prazer do causo estava na espera, e não em seu desvendar. É que o "eu caio" vinha, por si só, investido do prazer quase arqueológico da curiosidade e da suposição, mais do que da revelação e da descoberta.

Assim, a assombração da cozinha de telhas francesas aparentes escorregou para uma escrita que intencionou dar ao monstruoso a seriedade que ele merece como campo de estudo. O "eu caio" vingou como um dos primeiros monstros que narrei, lá em *Histórias mal-assombradas em volta do fogão de lenha*,[2] e é símbolo de um interesse antigo e atávico pelos bicharocos e monstrengos, interesse este que me levou a fazer de um objeto pessoal um objeto teórico.

Certa tarde, em um ônibus que subia a rua Augusta, em São Paulo, eu pensava sobre um *corpus* para um possível doutorado e vieram-me à cabeça as assombrações. De fato, reconheci que, vida afora, eu havia juntado, recolhido e colecionado em torno de mim os pedaços do "eu caio" de antanho, metamorfoseados em fragmentos das mais diversas expressões do monstruoso, tanto na literatura como no cinema.

Desde então, de livro em livro, a criatura tenebrosa do conto basal de minha infância se multiplicou em muitas partes, que são as

2 Cf. Messias, 2004.

suas próprias digressões, sem, contudo, jamais se mostrar totalmente, velando e protegendo-nos do impossível e do indizível para o qual só se pode olhar enviezadamente mediante a obliquidade bastante garantida pela linguagem: escudo de Perseu.

As mídias e as artes, como extensões do corpo, são os tentáculos do inconsciente. Eu olho para um filme porque também quero estudar o mal-estar que encobre o mundo humano, desconfiado de que o estranho familiar, a *inquiétante étrangeté* dos franceses, ainda é uma pista para se conectar com o monstrinho do telhado, puro signo a pedir decifração, esta palavra que, em grego, *secnom*, era a raiz do verbo "cortar", "extrair uma parte". E, claro, aí reside o limite: um signo nunca é totalmente apreendido, uma vez que impreciso. Décio Pignatari, em certo momento, lembrava que Paul Valéry reconheceu que sem um *à peu près* a vida não seria possível.

Mas, afinal de contas, por que precisamos tanto dos monstros, seres intersticiais, tantas vezes nem de lá, nem de cá, outra hora amorfos, híbridos, inconstantes, informes, indiciais, ausentes, resquícios, restos, dejetos, abjetos?

E, se eles vêm e, se comumente, sempre voltam depois de irem, o que querem nos dizer as suas repetições e as suas readaptações?

Monstruário

Foi com Alexandre Herculano, em *Lendas e narrativas*, de 1851, que descobri aquela mulher que se tornou minha matriz para todas as figuras femininas monstrificadas que invento e estudo. No primeiro parágrafo de *Dama Pé de Cabra, romance de um jogral*, do século XI, o escritor português oitocentista advertia: "Vós os que não credes em bruxas, nem em almas penadas, nem em tropelias de Satanás, assentae-vos aqui ao lar, bem junctos ao pé de mim, e contar-vos-hei a historia de D. Diogo Lopes, senhor de Biscaia" (Herculano, n.d., p. 7).

Assim é que se iniciava, recompilado, o assustador conto medieval sobre um fidalgo que se casou com uma formosa mulher, encontrada assim, do nada, à encosta de um monte isolado, durante uma caçada ao porco montês. Entretanto, para ser desposada, ela lhe imporia uma condição. Um interdito de igual peso caiu sobre o curioso marido da triste Melusina, da tradição celta, fada saurofílica cujo destino foi recontado pela pena de Jean d'Arras em seu *Roman de Mélusine*, de (*circa*) 1392, ou, ainda, na exigência da gulosa Mãe d'Água que, em um de meus recontos, roubava melancias plantadas por um caipira solteirão (cf. Messias, 2004).

Relatos em que o proibido se assenta no entre-lugar em que habita o monstro podem ser deliciosamente apavorantes, como os do polonês francófilo Jan Potocki, em seu *Manuscrito encontrado em Saragoça*, de 1815, obra-prima da literatura que seu conterrâneo Wojciech Has colocou nas formas moventes do cinema em 1964.

Potocki, de família nobiliárquica e apaixonado por viagens, foi da Rússia ao deserto do Saara: cruzou o Marrocos, visitou a França e as ilhas do Mediterrâneo, a Alemanha e os Países Baixos. Porém alguma aresta de seu coração irrequieto atrelou-se, finalmente, à Espanha, terra na qual ele se inspirou para compor sua obra máxima. Informa o livro que, durante as guerras napoleônicas, no cerco à cidade de Saragoça, um oficial francês encontrou um estranho manuscrito dentro de uma casa abandonada.

Pois bem: vai ser ao lado desse leitor fictício que desvendaremos histórias desdobradas em jornadas. Na primeira, encontram-se as lascivas irmãs Emina e Zibedeia, andaluzas de herança moura, que seduzem Alfonso, um viajante incauto, e fazem-no ouvir seus enredos noite afora, até que se escute o primeiro canto do galo. Porém, conforme enuncia o texto, um homem supersticioso teria esperado para ver as duas lindas mulheres desaparecerem pelo buraco da chaminé. Não foi, entretanto, o que aconteceu. Cúmplices do militar francês em sua cativante narrativa, ou ainda como Shariar – o sultão de Bagdá, que era todo-ouvidos à inteligente Sherazade –, desejamos a continuidade da história, metáfora do que hoje se passa nas maratonas que fazemos com as séries televisivas.

Circe, a mais bela bruxa da mitologia grega, lá estava, 2.800 anos antes pelo menos, acenando para os navegadores aventureiros: "fiquem mais um pouco em minha ilha… comam, bebam, divirtam-se e durmam". No dia seguinte, ainda inebriados pela ressaca, os homens notaram-se transformados em porcos, macacos e cachorros, vindo a compor um zoológico encantado. Isso evidencia que o monstruoso não desaparece nem com o sol a pino: antes, ele se metamorfoseia, reduplica-se, faz-se refaz-se, ludibria-nos, engana-nos e, quando cremos que ele se foi, retorna ainda outra vez.

Minhas investigações em torno do monstro como sintoma da cultura no século atual resultaram na obra *Todos os monstros da Terra*, ciente de que a totalidade é mera provocação. Em suas páginas, desvendo um pouco daquilo que chamei de "bestiários da literatura e do cinema", sobretudo a partir de uma mirada que buscou filmes contemporâneos, em um percurso metodológico de movimentação caleidoscópica, porém roteirizada. Mas o continuo em outros livros, a exemplo deste que você tem em mãos. O monstruoso é campo infinito de pesquisas.

O, tempora! O, mores!

O cinema, à salvaguarda do protogênero fantástico, como decidi denominar, alimenta a fantasfera, termo que cunhei para dar conta da grande esfera das representações do monstruoso. Nos filmes, estão as formas que, previamente, traduzem o que não cessa de não se mo(n)strar, o que se repete do recalcado da cultura: seus sintomas imbuídos de nefasto gozo.

O monstro, para mim, desde sua obscura caída do teto, tornou-se um fenômeno que me aguça: hordas de pessoas zumbificadas infestam os centros de consumo, em busca do imponderável do mais-gozar; muitas outras se deixam seduzir pelo brilho asséptico do silício impresso nas formas esperançosas do ciborgue, acreditando que o que reluz pode ser Ou(t)ro/ Outro; e o fantasmagórico já há muito não habita os castelos, posto que deslizou para nossos aparatos de comunicação e para a vida em redes, na forma de avatares, de perfis, de *fake news*, de bolhas de ódio, de discussões polarizadas e sem dimensionamento crítico. O simbólico se reduz à estrutura da bolha de sabão enquanto o imaginário, inflado em orgulho como um Teseu, entra no breu amargo do labirinto que se avizinha do real.[3]

Organizando – mas não classificando – as formas monstruosas do contemporâneo, encontrei, como criatura paradigmática de nosso *Zeitgeist*, o zumbi, massa corpórea e um todo-pulsão que nada elabora, apenas deglute, em uma galvânica existência que antagoniza qualquer ideal da cultura: carne eviscerada e boca mordente, retorno a uma oralidade que incorpora o outro por meio da carnificina, e não da mesa; da mordida, e não do beijo, violando o tabu do canibalismo, negando toda castração e distanciando-se do vampiro – ser que, ao menos, carrega o fardo da busca desejante da incorporação do outro.

O zumbi, despersonalizado e errante, reproduz-se por contágio. Ele é o portador de uma pandemia viral quase sempre explicada por um erro científico, um vazamento de radiação, um delírio tecnológico. Anúncio de um apocalipse sem ressurretos, é ainda um monstro que tanto nos assusta porque está muito próximo do real.

---

3 Aqui, simbólico, imaginário e real se referem ao importante paradigma humano estabelecido por Jacques Lacan.

Ele é mais uma figura aparentada ao duplo, ao recalcado, resultando da incapacidade de nossa cultura, weberianamente desencantada, pensar, midiatizar e simbolizar.

Ao lado dos mortos-vivos, temos os alienígenas perseverando na infração da ordem das coisas, intrometidos violadores dos corpos e colonizadores da genética: eles se hibridizam em rearranjos de cadeias de DNA, assumem a forma do hospedeiro e querem se perpetuar a todo custo: este é o mote da saga *Alien*, que nasceu em 1979 sob a direção de Ridley Scott, e de *O enigma do outro mundo* (*The thing*, John Carpenter, 1982), ambos com desdobramentos e homenagens: *A Coisa* (*The Thing*, Matthijs van Heijningen Jr., 2011), *Prometheus* e *Alien Covenant* (2012 e 2017, respectivamente) além de *Vida* (*Life*, Daniel Espinoza, 2017).

Os aliens, assim como os titãs godzílacos advindos no cinema tanto do interior da Terra como das profundezas dos mares, retornaram sobremaneira após o 11 de setembro de 2001, esse evento perverso, demarcatório da entrada da humanidade no novo milênio e causador imediato de minha decisão de sair dos Estados Unidos, quando jornalista. Depois daquilo, o mundo não seria jamais o mesmo, tampouco os seus monstros.

Por outro viés, perplexos em relação às novas conformações corporais que desafiam aqueles que parecem ser os últimos lastros do tricentenário Humanismo em nossa civilização, vemos o cinema e as artes, em geral, ficcionando criaturas mistas como o resultado da fusão entre o orgânico e o inorgânico. São monstros, claro; e, algumas vezes, eles se aproximam das possibilidades de nossos atuais avanços tecnológicos; em outras, porém, eles servem como especulação de até onde esse macaco pelado bípede quer e, de fato, pode chegar. Considerando, então, as alucinantes arquiteturas futurísticas da vida, consequência de uma interpretação robótica e cibernética sem bordas e que nos divertem tanto, a exemplo de *Eu, robô* (*I robot*, Alex Proyas, 2004), *Eva* (Kike Maíllo, 2011), *Ex-machina: instinto artificial* (*Ex-machina*, Alex Garland, 2015); *Ela* (*Her*, Spike Jonze, 2013), da série sueca *Real humans*, além de *Westworld* (Fred Toye & Michael Crichton, 2016), *Altered carbon* (Laeta Kalogridis, 2018) e, até mesmo, de alguns episódios angustiantes das temporadas de *Black mirror* (Charlie Brooker, 2011-2023).

Há ainda o que chamo de "biociborguização do corpo mediante as antropotecnias", estas últimas não apenas ilustradas em delicadezas imagéticas, como *Avatar* (James Cameron, 2009), *Avatar, o Caminho da Água* (*Avatar, The Way of Water*, James Cameron, 2022) e *A invenção de Hugo Cabret* (*Hugo*, Martin Scorsese, 2011), mas igualmente por obras que promovem uma grande reflexão filosófica no âmbito da cibercultura, por intermédio do suporte cooperativo da psicanálise e das neurociências, duas áreas cujo diálogo vem sendo sonhado por pesquisadores do escopo de François Ansermet e Pierre Magistretti e reflexionado ainda pelo psicanalista catalão Miquel Bassols (a esse respeito, cf. Messias, 2022b). Menciono filmes das franquias *Blade runner* (Riddley Scott, 1982; Denis Villeneuve, 2017) e *O exterminador do futuro 1* e *2* (*The terminator*, James Cameron, 1985 e 1991), mas igualmente *Inteligência artificial* (*A.I.*, Steven Spielberg, 2001), *Splice, a nova espécie* (*Splice*, Vicenzo Natali, 2009) e *A pele que habito* (*La piel que habito*, Pedro Almodóvar, 2011).

Já o fantasma, habitante das casas abandonadas, castelos e cemitérios, e que classicamente entrou no cinema pelas portas rangentes do estilo gótico, migra também, sobretudo a partir dos anos 1980, para as tecnologias eletrônicas analógicas e, posteriormente, para as digitais e pós-digitais: analógicas, a exemplo de *Poltergeist, o fenômeno* (*Poltergeist*, Tobe Hooper, 1982), *Os caça-fantasmas* (*Ghostbusters*, Ivan Reitman, 1984), *O chamado* (*Ringu*, Hideo Nakata, 1998; *The Ring*, Gore Verbinski, 2002), *Shutter* (*Yodphet Sudsawad*, 2004), *Amizade desfeita* (*Unfriended, Levan Gabriadze*, 2014), *e-Demon* (Jeremy Wechter, 2016), *Friend request* (Simon Verhoeven, 2016) e *O telefone do sr. Harrigan* (*Mr. Harrigan's Phone*, John Lee Hancock, 2022).

Acompanhando a virtualização crescente da vida social também pela presença da senciência e da internet das coisas, detectam-se novas vestimentas para o fantasma, tomado aqui com o feliz termo francês de *revenant*, "o que volta", o que não cessa de não se mo(n)strar, seja como espírito, seja como alma penada, seja como avatar ou, de acordo com séries televisivas recentes, a exemplo de *Black mirror*, como manipulação e volitação daquilo que estranhamente é chamado de "consciência", às vezes de "memória".

Nesta terceira matriz representativa, os fantasmas se comunicam cada vez mais pelas redes sociais, pelos aplicativos de celular e pelos *softwares*, a exemplo de *Ligação perdida* (*One missed call/ Chakushin ari*, 2004), *Pulse* (Jim Sonzero, 2006), *Pulse 2: afterlife* (Joel Soisson, 2008), *Uma chamada perdida* (*One missed call*, Éric Valette, 2008), *Ela* (*Her*, Spike Jonze, 2014) e, um vez mais, *Amizade desfeita* (*Unfriended*, Levan Gabriadze, 2015).

Isso demonstra o quanto o desejo de transcendência nos acompanha, ainda que apenas desalojado das religiões para assombrar tecnologias como a da inteligência artificial, evidência de que o mundo desencantado tem sua força contrária. Conforma-se, assim, uma quarta ferida narcísica, aquela que nos coloca ontologicamente nivelados aos outros animais e também aos objetos que tergiversam.

O fim do humano?

Cada pilar monstruoso que estabeleci para representar as *facies* do mal-estar na cultura (o zumbi da tanatopolítica, o fantasma na tecnologia, o corpo biociborguizado e o invasor alienígena que precisa ser rechaçado e destruído) aponta particularidades que se interconectam no confuso estado de coisas em que vivemos. Em suma, temos o corpo desmembrado e cadavérico, a ameaça do outro, o esfacelamento dos ideais da subjetividade e a ansiedade pelo um corpo super-heroico, longevo, eterno enquanto dure.

Existe, entretanto, um "quinto elemento" – brincando com o título do filme de Luc Besson –, que traduzo como a proximidade do real, em chave lacaniana, emoldurado pelos monstros vinculados ao catastrofismo, o qual, por sua vez, é filho ilegítimo, porém adotado, do Antropoceno.

Hoje, a espécie humana já não se pode crer o pináculo da expressão da vida na Terra, reduzida que foi – de um lado, pelos animais não falantes, e, de outro, pelos aparatos tecnológicos – a ser apenas mais um agente entre os demais. Desconsiderando-se as algas cianofíceas, produtoras primárias da biosfera durante a fase inicial de oxigenação planetária, nenhuma outra espécie modificou tanto a Terra quanto a nossa, a ponto de causar, ela mesma, essa nova era geológica, a qual oficialmente já nos fez nos despedirmos do Holoceno. E agora, perdidos na encruzilhada do que foi batizado lugubremente de Antropoceno, sabemos que não estaremos aqui quando a próxima era geológica vier.

Se bem que houve uma leva significativa de filmes-catástrofe desde os anos 1970, o século XXI – que, como disse, começou com o sério trauma do terrorismo nas Torres Gêmeas – é o celeiro de produções variadas em torno da destruição e do caos, sejam estes últimos causados por agentes naturais, sejam como resultado da pulsão de morte voltada ao coletivo ou, ainda, pela conjugação de ambas.

O destino planetário é quase sempre pano de fundo para um *mea culpa* de nossa espécie: parece notório que, quando países se mobilizam para salvarem o último exemplar de uma determinada espécie, o que está embutido nesta ação é muito mais o temor e – por que não? – o desejo quanto ao fim do *Homo sapiens* do que dos outros seres. Afinal de contas, o planeta não requer salvacionismo: ele se reinventa o tempo todo, em longuíssimos processos de terraformação, desde quando era uma bola de material incandescente, sem vida orgânica. Por isso, um dos desafios do humano daqui para frente será, sem dúvida, chegar a outros orbes que deverão ser colonizados, não necessariamente para a vanglória dos terráqueos, mas para nos assegurar um refúgio qualquer.

Este planeta é uma esfera irregular na qual se esparramam refugiados de todas as ordens, em sentido amplo, buscando nichos que não podem mais ser encontrados. Se para alguns cientistas a demarcação do Antropoceno se deu em 2016, defendo que as ações que o desencadearam remontam até mesmo à pré-história, como explico em uma de minhas obras (cf. Messias, no prelo).

Curiosa sina a da nossa espécie, que, quando se abriu para a descoberta das técnicas, dos códigos, das arquiteturas, do domínio das plantas e dos outros animais, não soube encontrar o comedimento, a boa medida das coisas. De onde a pergunta que um dia Òscar Pàmies, escritor da Catalunha, se fez no próprio título de um de seus livros: *Com serà la fi del món?* (Como será o fim do mundo?), ao que, por coincidência, 17 anos depois, os irmãos Pastor tentaram responder em *Os últimos dias* (*Los últimos días*, 2013), apresentando uma Barcelona devastada, mas não impossível.

O cinema de inspiração catastrófica, não por acaso, quase sempre se alimenta de *blockbusters* que atraem as multidões ansiosas por darem evasão ao escópico: como será, afinal de contas, olhar o fim das coisas? *O núcleo, missão ao centro da Terra* (*The core*, Jon Amiel, 2003), *O dia depois de amanhã* (*The day after tomorrow*, Roland Emmerich, 2004), *Furacão, o dia da destruição* (*Category 6: Day of destruction*, Dick Lowry, 2004), *Destruição total: o fim do mundo* (*Category 7: The end of the world*, Dick Lowry, 2005), *Destruição* (*Earthstorm*, Terry Cunningham, 2006), *Presságio* (*Knowing*, Alex Proyas, 2009), *Tsunami: a fúria do oceano* (*Haeundae*, Yoon Je-kyoon, 2009), *2012* (Roland Emmerich, 2009), *Impacto (Impact*, Mike Rohl, 2009),

O impossível (*Lo Imposible*, Juan Antonio Bayona, 2012), *Depois da Terra* (*After Earth*, M. Night Shyamalan, 2013), e *Terremoto, a falha de San Andreas* (*San Andreas*, Brad Peyton, 2015), *Rastros do além* (*I still see you*, Scott Speer, 2018), *Bird box* (*Susanne Bier*, 2018), *Destruição final – o último refúgio* (*Greenland, Ric Roman Waugh*, 2020), *Amor e monstros* (*Love and monsters*, Michael Matthews, 2020), *Não olhe para cima* (*Don't look up*, Adam McKay, 2021), *Caranguejo negro* (*Svart krabba*, Adam Berg, 2022) são alguns exemplos de uma longa lista.

De um lado, o insuportável; de outro, o razoável: em *Melancolia* (*Melancholia*, Lars von Trier, 2011), o desfecho abominável não somente dá cabo de nossa espécie, de nossa casa, mas igualmente põe um fim à História por meio do olhar monstruoso daquele planeta nostalgicamente azul que engoliu o nosso depois de um último beijo. *Fade-out*.[4]

Ao contrário do curta-metragem *Paris by night of the living dead* (Grégory Morin, 2009), quando os homens, na busca de se livrarem de zumbis, derrubam até mesmo a Torre Eiffel e assolam irremediavelmente os Champs-Elysées, em *Os últimos dias*, David e Àlex Pastor propõem um mundo que recomeça, ainda que sem uma boa parte de nós. É nele em que os edifícios e monumentos de Barcelona não cedem à Coisa: as trepadeiras cobrem as estátuas azinabradas com verdor selvático, enquanto uma animália faustosa perambula pelos *carrers* daquela cidade que, superando todos os tipos de conflitos e opressões "antro-obscenas", desde a cultura dos iberolaietanos até hoje, soube tornar-se um dos mais imponentes símbolos da verve e da persistência de um povo.

Vemos, assim, que os monstros nos agendam o tempo todo: eles oferecem, em um leque de formas e temas, aquilo que vai entranhado na cultura, ainda que esta galope loucamente como um cavaleiro

---

4 Para uma análise de *Melancolia*, cf. Messias, 2019a, pp. 267-272.

sem cabeça em corcel de fogo, na vã esperança de segurar seus objetos mais desejados. Às vezes, por inconstância e por ansiedade, ela o faz de maneira irrefletida, como o triste Orfeu que, no último momento de sair dos infernos, olha para a amada Eurídice que vinha logo atrás, à borda do penhasco. Sua mirada então viola o contrato feito com Hades, mas sobretudo com a sofrida Perséfone, que tão bem soube interceder pelo belo deus das artes. Orfeu, sem sua ninfa, passa então a vagar ao léu em desmesurada dor, buscando eternamente seu objeto para sempre perdido.

O que esperar do futuro? Para onde vai o contemporâneo?

As reflexões cinematográficas deste livro, imbuídas do desejo de se discutir o Antropoceno e a condição humana, levaram-me a uma lembrança oportuna: certa vez, encontrei dois caminhantes com um cachorro em uma montanha nevada francesa, exatamente a uns trezentos metros do vilarejo de Pas de la Casa, em Andorra, onde eu estava hospedado. O animal se mostrava muito contente pois, segundo seus donos, ele começou a adorar a neve quando ainda era um filhote. Porém, notei ser impossível para ele reconhecer que o imenso manto branco no qual deixava pegadas era feito do mesmo elemento com que sempre gostara de brincar. O bicho comia neve, mas desde que transformada em bolinhas – e isso não apenas por preferência lúdica. É como se, estando dentro de uma piscina cheia de seu suco preferido, uma pessoa só o reconhecesse quando alguém lhe desse o conteúdo em um copo, separando uma parte do todo. Um cão, neste sentido, não é um ser que elabora metáforas e de metonímias. A inquietação que havia naquele simpático cãozinho advinha do fato de ele perceber que algo lhe era familiar no ambiente, sem, contudo, fazer as devidas conexões semióticas que um *sapiens* faria. Daí, podemos nos perguntar: somos maravilhosos por sermos os senhores da linguagem simbólica?

Pelo contrário, abalamo-nos pelo fato de a cultura comprovar o quanto a comunicação humana é uma impossibilidade. O tempo todo, temos de entrar em acordo com nosso outro em espécie sobre o que estamos supondo dizer e, ainda por cima, precisamos crer, de bom grado, que somos compreendidos e que há entrosamento. É que, a cada instante, os descaminhos do desejo interferem em nossa compreensão do mundo e, por conseguinte, em nossas ações.

Nós, humanos, espécie biológica, mamífera, primata, bípede e gregária, em algum momento da pré-história conseguimos desenvolver e, posteriormente, aprimorar o que chamamos de linguagem simbólica (cf. Messias, no prelo). Diferentemente do que se passa com outros animais, ela demarca em nós o lugar da falta – por conseguinte, do desejo. E isso nos levou igualmente a uma percepção muito acurada sobre a finitude orgânica.

Há três milhões e meio de anos, antepassados bípedes já dominavam técnicas rudimentares de lascação de pedras. Eram poucos indivíduos que se aglomeravam em grupos esparsos pelo imenso continente africano. Porém, as antropoviolações, como denomino, acompanham-nos desde que, já no mundo *sapiens*, milhões de anos mais tarde, fomos marcados pela linguagem, nosso primeiro e maior artifício, respondendo à angústia de saber-nos seres faltantes.

O *Homo sapiens* se destacaria como voraz megapredador: sua saída do círculo afroasiático rumo a uma grande ilha desconhecida resultou, durante cerca de 5 mil anos, aproximadamente, fosse exterminada 90% da megafauna do que hoje se chama Austrália, assinalando, segundo vários cientistas, uma das primeiras grandes marcas negativas que deixamos na Terra.

Supõe-se, por exemplo, que nossos primos, os neandertais, dispusessem da capacidade de representação simbólica do próprio mundo, incluindo a valoração artística. Mas eles não tiveram tempo de viver até chegarem a erigir qualquer civilização pelo fato de talvez terem sido exterminados por nossa espécie. Sob a denominação de "homens de Cro-Magnon", os *sapiens*, muito mais numerosos do que os neandertais autóctones, foram se espalhando pela Europa e ocupando os nichos ecológicos da outra espécie com rapidez e voracidade.

Para além do que hoje é delírio – a superação da morte lá pelo ano 2200, segundo alguns cientistas futurólogos –, um diálogo neuropsicanalítico por meio da plasticidade parece ser uma das alternativas para que nos coloquemos a pensar sobre todo tipo de ideologia determinista que ainda persista. Ao conceito de vida, respaldado pelo clássico trabalho de Maturana e Varela em torno de autopoiese, ainda dos anos 1960 e 1970, acrescenta-se hoje o elemento inorgânico como agente incontestável, sobretudo no âmbito do tecnológico e, mais especificamente, da I.A.

Neste império de *mirabilia*, muitos homens da ciência, em seu princípio fálico, ignoram a pulsão e a lógica do não-todo, assim como a religião, por seu lado, demoniza a Coisa e, neste exorcismo, a faz assinalar-se insistentemente. Mais do que se ater a um olhar assertivo, nossa espécie se perde em miragens alimentadas pelas redes sociais: o que experimentamos como corpo e mente ocupam, para a psicanálise, um único lugar. Em qual *pendrive* colocaremos a singularidade de uma pessoa quando ela morrer? Um androide poderia ser desejante e, como tal, nas turbulências do sono, sonharia com ovelhas elétricas? E quando as revistas de cibernética anunciarem que um humanoide, saltando alegremente sobre a curva gráfica do *uncanny valley*, finalmente foi feito à nossa semelhança, em qual espelho nos olharemos para nos indagar: "e nós?, ainda somos feitos à imagem de alguém?".[5]

5 Para uma abordagem entre psicanálise e neurociências, cf. Messias, 2022b.

Perdidos no *loop* vicioso e redundante de peripécias experimentais que premeditam engaiolar a consciência para encarná-la em outro suporte, há os que, no avançar do século XXI, ainda não saibam que Freud, há tantas décadas, desatou por nós, bravamente, uma zona escura que os físicos não conseguirão detectar, e foi longe, bem mais longe do que a sonda *Voyager* um dia poderá chegar.

Somos, porém, uma espécie irresponsável. No mais recôndito deserto gelado, deixamos nossas marcas: uma garrafa de vidro vazia, uma lata aberta, uma sacola plástica. Imprimimos não apenas pegadas na neve e na areia, como outros animais, mas, sobretudo, entulhamos rejeitos e dejetos por onde quer que passemos. E o capitalismo, com suas maquiadas facetas – o lazer desmesurado, o turismo das massas, a exploração do trabalho dos países periféricos, a obscena opulência e o esbanjamento de países do primeiro mundo – são algumas demonstrações disso. Em 2018, ao assistir a uma conferência sobre I.A. em Barcelona, notei o quanto o palestrante de Oxford exaltava o futuro das facilidades tecnológicas perante uma audiência atenta que, entretanto, não conseguia inferir que isso se daria ao preço de se explorar e desconsiderar-se, mais uma vez, a África, o continente de todos os flagelos, bem como suas populações abaixo da linha da pobreza.

O cinema ilumina, põe-nos a pensar. A psicanálise pontua e pondera pontos de interseção, de fragilidade e de ruptura: assinala o vazio ignorado pela ciência. A semiótica vê a constelação dos signos em redes: seus pontos luminosos entre lacunas sombrias.

Assim nascemos e, talvez, assim morreremos: no ocaso que fizemos sombrear a nós mesmos. Daqui a muitos séculos, quando uma tímida *Blatella germanica* esquentar as asinhas observando, do alto de uma colina, o vermelho mortiço do entardecer sobre nossas cidades arruinadas, já não estaremos mais neste planeta como seres viventes.

A condição humana, no sentido que emprego neste texto, costuma ser uma monstruosidade com pendor kafkiano e lovecraftiano. A questão é saber se nossa espécie de fato quer, e, querendo, se ainda pode reverter o quadro terminal que anuncia a si mesma. Não conseguiríamos ter sido mais patéticos: o "homem que sabe que sabe". Mas que sabe o quê?

Por outro lado, tratamos aqueles nossos outros chamados de "animais" – sobretudo os domésticos – de forma cada vez mais antropomorfizante, e a indústria dos produtos para *pets* se beneficia enormemente com aquelas "fofuras" que se tornam protagonistas em vídeos populares de redes digitais. Os animais sofrem a consequência de nossos desvarios, pretensões e exageros. O impossível das relações entre os humanos se desvia para esses seres que vivem à nossa mercê por milhares de anos: cães, gatos, pássaros, porcos, tartarugas, vacas, ovelhas, cavalos; todos cada vez mais distantes de suas expressões instintivas. Este é um exemplo para dizer de como obrigamos o mundo a ser como queremos. Transformamos nossos outros biológicos em brinquedos e manipulamos suas formas de ser em benefício de nosso narcisismo. Não será um lobo das estepes mais afortunado do que um pug?

O *Homo sapiens sapiens* é uma espécie despiedada, por um lado, e serva do ridículo, por outro. Perde-se nas frases de efeito, na superficialidade das ideias, nas *deep news*, nas difamações. A tudo devora com tal voracidade que já não poderá sobreviver apenas com o que este planeta tem para lhe oferecer.

Então, o que ainda nos faz humanos?

Nesse instante, penso no divã freudiano bege coberto de tapetes persas vermelhos e almofadas de veludo que, para muitos, é um símbolo máximo. Não há milagres, não há receita de felicidade, não há progresso incessante, apenas a travessia, tantas vezes silenciosa, esburacada, cindida, mas cerzida e, acima de tudo, corajosa, de nosso sertão, rumo a um lugar em que, muitas vezes, a farmacêutica e o cognitivo-comportamental não podem entrar simplesmente porque não têm a chave.

Um tal lugar talvez seja o telhado tinto em fuligem da casa antiga de cada sujeito, de onde, aos poucos, os cadinhos do "eu caio" vão se revelando, sempre que possível, mas à medida do suportável. A esta parceira da morte, anunciadora do tempo que passa, eu sempre chamarei "vida".

Sigmund Freud havia enunciado os três grandes tipos de sofrimento que comumente assolam o humano: o próprio corpo, as ações da natureza sobre nós e nossas relações com os outros. Jacques Lacan, por sua vez, estudou a angústia, o medo e a dor e levou-nos adiante com um trabalho dos mais consistentes em torno das questões humanas, elucidando daqui, indagando dali, e tantas vezes nomeando o que nos interpelava como civilização: a metáfora paterna, o falo, o gozo, o mais-gozar, o sintoma, o *sinthome*.

A partir de Freud e de Lacan, mas também de Slavoj Zizek, Peter Sloterdijk, Jacques-Alain Miller, Miquel Bassols, Gérard Wajcman, Vladimir Propp, Donna Haraway, Jorge Luis Borges, Guillermo del Toro, Jean-Claude Romer, André Breton, Alfred Hitchcock, Ítalo Calvino, Câmara Cascudo, Stephen King, David Cronenberg, Edgar Alan Poe, Tim Burton, Derrida, Deleuze, Didi-Huberman, Murilo Rubião, Guimarães Rosa, e de tantos outros interlocutores meus na leitura, na escrita, no cinema e no pensamento, asseguro que precisamos cada vez mais dos monstros da ficção porque, paralelamente ao divertimento, eles ainda agem como prodígios que nos alertam.

Demasiadamente humanos, os monstros são bússola, parâmetro, trena, biruta, ampulheta, placa, mapa, ponte, partida e chegada. E, sem eles – sempre o digo – só poderíamos existir como a mais triste e desnorteada das espécies.

Referências

Alarcón, T. L. (2016). Cronos. Mala sangre. In J. A. P. Santos (Org.), *Las fábulas mecánicas de Guillermo del Toro*. Calamar Ediciones.

Antich, X., et al. (2010). *De animales y monstruos*. ContraTexto/Museu d'Art Contemporani de Barcelona/Universitat Autònoma de Barcelona.

Bassols, M. (2011). *El caballo del pensamiento*. Universidad Editorial de Granada.

Bassols, M. (2017). *Lo femenino, entre centro y ausencia*. Grama Ediciones.

Benshoff, H. M. (Ed.). (2014). *A companion to the horror film*. Wiley Blackwell.

Berceo, G. de. (2016). *Milagros de Nuestra Señora*. Penguin Clásicos.

Carrol, N. (1990). *The philosophy of horror or paradoxes of the heart*. Routledge.

Cavaliere, A. (Ed.). (2015). *Enseñanzas de lo inefable. Cine y psicoanálisis.* Universitat d'Alicant.

Cazotte, J. (2005). *Le Diable amoureux.* Éditions de la Seine.

Céard, J. (1971). Introduction. In Paré, A., *Des monstres et prodiges. Édition critique et commentée par Jean Céard.* Librairie Droz.

Corbella, J. *Localizada en Borneo la pintura figurativa más antigua de la humanidad.* https://www.lavanguardia.com/cultura/20181107/452791424991/pintura-rupestre-mas-antigua-borneo.html. Acesso em: 7 nov. 2018.

Cyborg Foundation. https://www.cyborgfoundation.com/. Acesso em: 23 jul. 2022.

D'Arras, J. (1999). *Romance de Melusina ou a história dos Lusignan.* Martins Fontes.

Del Toro, G. (2009). *Hitchcock por Guillermo del Toro.* Espasa.

Del Toro, G. (2010). *A queda.* Rocco.

Derrida, J. (2011). *O animal que logo sou (a seguir).* Editora da Unesp.

Del Toro, G. (2012). *Noite eterna.* Rocco.

Del Toro, G., & Hogan, C. (2009). *Noturno.* Rocco.

Eco, U. (2007). *On Ugliness.* Harvill Secker.

Eliade, M. (1972). *Mito e realidade.* Perspectiva.

Feder, S. (2017). 'The Shape Of Water' is a biblical meditation on transcendent love. *Forward.* https://forward.com/culture/film-tv/390336/the-shape-of-water-book-of-ruth-guillermo-del-toro/. Acesso em: 14 abr. 2023.

Fisher, M. (2018). *Lo raro y lo espeluznante.* Alpha Decay.

Freud, S. (2000). Cinco lições de psicanálise, Leonardo da Vinci e outros trabalhos. In *Edição standard brasileira das obras psicológicas completas de Sigmund Freud* (Vol. XI.) Imago. (Trabalho original publicado em 1910)

Freud, S. (2014). Un recuerdo infantil de Leonardo da Vinci. In *Obras completas de Sigmund Freud* (versão digital em língua espanhola, s/d). (Trabalho original publicado em 1910)

Freud, S. *Une névrose démoniaque au XVIIe siècle.* (Marie Bonaparte; Mme. E. Marty, Trads.). https://psychaanalyse.com/pdf/une_nevrose_demoniaque_au_17_siecle_freud.pdf. Acesso em: 2 jul. 2022. (Trabalho original publicado em 1923)

Galland, A. (2001). *As mil e uma noites* (Vol. 1-3). Ediouro.

Goddu, T. A. (2000). Introduction to American gothic (Extract). In K. Gelder (Coord.), *The horror reader.* Routledge.

Gruzinski, S. (1999). *La pensée métisse.* Fayard.

Hantke. (2014). Science fiction and horror in the 1950s. In H. M. Benshoff (Ed.), *A companion to the horror film.* Wiley Blackwell.

Haraway, D. (1991). *Simians, cyborgs, and women. The reinvention of nature.* Free Association Books.

Haraway, D. (2005). *The Companion species manifesto. Dogs, people, and significant otherness.* Prickly Paradigm Press.

Haraway, D. (2019). *Las promesas de los monstruos. Ensayos sobre ciencia, naturaleza y otros inadaptables.* Holobionte Ediciones.

Hayles, C. N. (1999). *How we became posthuman. Virtual bodies in cybernetics, literature, and informatics.* The University of Chicago Press.

Herculano, A. (n.d.) *Lendas e narrativas* (Tomo 2). Imprensa Portugal-Brasil.

Higueras, R. (Ed.). (2016). *Cine fantástico y de terror español. Mutaciones y reformulaciones [1984-2015]*. T&B Editores.

Kappler, C. (1986). *Monstruos, demonios y maravillas a fines de la Edad Media*. Akal/Universitaria.

Kotsko, A. (2016). *Por qué nos encantan los sociópatas*. Editorial Melusina.

Lacan, J. (1985). *O seminário, livro 20: mais, ainda*. Zahar.

Lacan, J. (2003 [edição não comercial]). *Seminário: a identificação*. Centro de Estudos Freudianos do Recife.

Lacan, J. (2008a). *O seminário, livro 7: a ética da psicanálise* (1959-1960). Zahar.

Lacan, J. (2008b). *O seminário, livro 16: de um Outro ao outro* (1968-1969). Zahar.

Lacan, J. (2018). *L'Angoisse. Séminaire 1962-1963*. [Version AFI. Terceira edição corrigida. Publicação não comercial. Documento interno da Associação Freudiana Internacional destinado a seus membros.]. Associação Freudiana Internacional.

Lampis, M. (2012). *La Inteligencia y los Artefactos. Un enfoque semiótico*. Univerzita Konstantína Filozofa v Nitre Filozofická faculta.

Lampis, M. (2016). *Tratado de semiótica caótica*. Ediciones Alfar.

Lawrence, N. (2018). *A history of monsters*. https://aeon.co/essays/there-be-monsters-from-cabinets-of-curiosity-to-demons-within. Acesso em: 31 out. 2018.

Leeder, M. (Coord.). (2015). *Cinematic ghosts: haunting and spectrality from silent cinema to the digital era*. Bloomsbury.

Levin, I. (1985). *O bebê de Rosemary*. Editora Best Seller/Círculo do Livro.

Leite, M. P. de S. (1991). *O deus odioso. Psicanálise e representação do mal. O diabo amoroso/Jacques Cazotte*. Escuta.

López, D. & Pizarro, D. (2014). *Silencios de pánico. Historia del cine fantástico y de terror español, 1897-2010*. Tyrannosaurus Books.

Lotman, I. (1996). La semiótica de la cultura y el concepto de texto. In Lotman, I., *La semiosfera I. Semiótica de la cultura y del texto*. (pp. 77-82). Cátedra, 1981.

Maroto, C. D. (1998). El Espinazo del Diablo. De la esencia de los fantasmas. In Maturana, H. & Varela, F., *De máquinas y seres vivos. Autopoiesis: la organización de lo vivo*. Editorial Universitaria. (Trabalho original publicado em 1973)

Megía, C. (2028, 12 de fevereiro). ¿Cuento de hadas o zoofilia? La polémica revolución sexual de la favorita al Oscar. *El País*. https://smoda.elpais.com/moda/actualidad/la-forma-del-agua-polemica-sexual/. Acesso em: 3 jun. 2023.

Messias, A. (2004). *Histórias mal-assombradas em volta do fogão de lenha*. Biruta.

Messias, A. (2010). *Histórias mal-assombradas de Portugal e Espanha*. Biruta.

Messias, A. (2016). *Todos os monstros da Terra: bestiários do cinema e da literatura*. Educ/Fapesp.

Messias, A. (2019a). *Comunicação e Antropoceno: os desafios do humano*. Educ.

Messias, A. (2019b). *O pomo da discórdia. A história da Guerra de Troia*. Sowilo.

Messias, A. (2020a, jul.-dez.). O último olhar de King Kong: antropocentrismo e tecnociências. *TECCOGS. Revista digital de tecnologias cognitivas*, (22), 121-141. https://doi.org/10.23925/1984-3585.2020i22p121-141.

Messias, A. (2020b) Antropoceno y malestar cultural: ¿El crepúsculo del Homo sapiens? Reflexiones sobre civilización y tecnologías monstruosas. In Carniel Bugs, Ricardo (Org.), *La comunicació com a eina per a la cohesió social contra el racisme i la intolerancia*. Observatori Mediterrani de la Comunicació. https://ddd.uab.cat/record/233943. Acesso em: 22 dez. 2020.

Messias, A. (2020c). *Todos los monstruos de la Tierra: bestiarios del cine y de la literatura*. Punto de Vista Editores.

Messias, A. (2021a). Serão os robôs humanoides os novos zumbis? Uma mirada semiótico-psicanalítica sobre o design. In R. Gonsalves & D. A. Penha (Orgs.), *Ensaios sobre vampiros e zumbis: psicanálise, filosofia e arte*. Luva Editora.

Messias, A. (2021b, jul.-dez.). O Antropoceno é uma outra coisa/ Outra coisa: uma abordagem semiótico-psicanalítica. *TECCOGS. Revista digital de tecnologias cognitivas*, (24), 101-121. https://doi.org/10.23925/1984-3585.2021i24p101-121.

Messias, A. (2021c). *O grumete e o tupinambá. Romance da França Antártica*. RHJ.

Messias, A. (2022a). *Todos os monstros da Terra: bestiários do cinema e da literatura. Edição revista e ampliada*. Blucher.

Messias, A. (2022b). *Psicanálise e neurociências: um diálogo possível?* Blucher.

Messias, A. (2022c). O Antropoceno e as ruínas da democracia: a condição humana como monstruosidade. *Cadernos IHU Ideias*, *20*(335). https://www.ihu.unisinos.br/images/stories/cadernos/ideias/335cadernosihuideias.pdf. Acesso em: 1 jul. 2022.

Messias, A. (no prelo). *Antropoceno, epidemias e pandemias*: da pré-história ao Covid-19.

Messias, A. (no prelo). *Antropoceno – Tratado geral sobre o fim do mundo humano*.

Miller, J-A. (2005/1). Introduction à la lecture du Séminaire L'angoisse de Jacques Lacan. *La Cause freudienne,* (59), 65-103.

Miller, J-A. (2010). *Extimidad. Los cursos psicoanalíticos de Jacques--Alain Miller*. Paidós.

Nietzsche, F. (2001). *Humano, demasiado humano. Un libro para espíritus libres.* (Vol. 1). Akal.

Novelli, C. (1998). Sin, sight, and sanctity in the "Miller's tale": Why Chaucer's blacksmith works at night. *Penn State University Press/ The Chaucer Review, 33*(10).

Olney, I. (2014). Spanish horror cinema. In H. M. Benshoff (Ed.), *A companion to the horror film.* Wiley Blackwell.

Owen, M. M. (2018). *Our age of horror. In this febrile cultural moment filled with fear of the Other, horror has achieved the status of true art.* https://aeon.co/essays/horror-is-a-dark-and-piercing-reflection-of-our-anxious-times. Acesso em: 25 set. 2018.

Painter, R. (2017, 10 de dezembro). Empathy for the Other: Guillermo del Toro talks 'The Shape of Water'. *Kutv*. https://kutv.com/news/entertainment/empathy-for-the-other-guillermo-del-toro-talks-the-shape-of-water. Acesso em: 3 jun. 2023.

Pàmies, O. (1996). *Com serà la fi del mon*. Edicions 62.

Paré, A. (1971). *Des monstres et prodiges. Édition critique et commentée par Jean Céard*. Librairie Droz.

Pérez, J. (2008). *Los "mirabilia" medievales y los conquistadores y exploradores de América.* https://dialnet.unirioja.es/servlet/articulo?codigo=2880982. Acesso em: 4 jul. 2022.

Philip, T. (2018, 13 de fevereiro). Guillermo del Toro says that Shape of Water fish dildo is... not accurate. *GQ*. https://www.gq.com/story/guillermo-del-toro-says-that-shape-of-water--fish-dildo-is-not-accurate. Acesso em: 3 jun. 2023.

Potocki, J. (1971). *Manuscrito encontrado en Zaragoza*. Alianza Editorial.

Potocki, J. (1971). *Manuscrito encontrado em Saragoça*. Editorial Estampa.

Restum, Y. (2018, 7 de dezembro). Capaz de sentir as cores por meio de vibrações sonoras, 1º ciborgue do mundo está no Rio para festival. *G1*. https://g1.globo.com/rj/rio-de-janeiro/noticia/2018/12/07/capaz-de-sentir-as-cores-por-meio-de-vibracoes-sonoras-1o-ciborgue-do-mundo-esta-no-rio-para-festival.ghtml. Acesso em: 13 dez. 2018.

Reyes, X. A. (2017). *Spanish gothic. National identity, collaboration and cultural adaptation*. Palgrave/MacMillan.

Roas, D., & Casas, A. (Eds.). (2013). *Visiones de lo fantástico en la cultura española (1900-1970)*. Banalmádena.

Romandini, F. L. (2012). *A comunidade dos espectros. I. Antropotecnia*. Cultura e Barbárie.

Rosa, G. (1985). *Grande sertão: veredas*. Nova Fronteira.

Rosas, A. (2016). *La evolución del género "Homo"*. CSIC/ Catarata.

Salgado, D. (2016). La Cumbre Escarlata. Gótico tardío. In J. A. P. Santos (Org.), *Las fábulas mecánicas de Guillermo del Toro*. Calamar Ediciones.

Sánchez, X., et al. (2013). *Som una espècie violenta? La violencia humana explicada des de la biologia i la psicopatologia*. Universitat de Barcelona.

Santos, J. A. P. (2016). Entrevista con Guillermo del Toro. In J. A. P. Santos (Org.), *Las fábulas mecánicas de Guillermo del Toro*. Calamar Ediciones.

Santos, J. A. P. (Org.). (2016). *Las fábulas mecánicas de Guillermo del Toro*. Calamar Ediciones.

Schmiesing, A. (2016). *Disability, deformity and disease in the Grimm's fairy tales*. Wayne State University Press.

Schwab, K. (2018). *A quarta revolução industrial*. Edipro.

Sedeño, E. P., & Arjonilla, E O. (Eds.). (2014). *Cartografías del cuerpo. Biopolíticas de la ciencia y la tecnología*. Ediciones Cátedra.

Silva, S. G., & Tehrani, J. J. (2016, jan.). Comparative phylogenetic analyses uncover the ancient roots of Indo-European folktales. *The Royal Society Publishing, 3*. https://doi.org/10.1098/rsos.150645.

Valentí, T. F. (2016). El Laberinto del Fauno. Las pruebas mágicas de Ofelia. In J. A. P. Santos (Org.), *Las fábulas mecánicas de Guillermo del Toro*. Calamar Ediciones.

Thevet, A. (1978). *As singularidades da França Antártica*. Editora Itatiaia; Edusp.

Watson, C. (1996). Folklore and Basque nationalism: language, myth, reality. *Nations and Nationalism, 2*(1), 17-34. https://doi.org/10.1111/j.1354-5078.1996.00017.x.

Zavaleta, L. (2016). Euskaldunak or Amerikanuak: an introduction to the folklore of the Boise Basques and its contribution to the Basque-American identity. (Working Paper n. 7244). The College of Wooster.

Filmografia

Filmes citados

2001: Uma odisseia no espaço (*2001: A space odyssey*, Stanley Kubrick, 1968)

2012 (Roland Emmerich, 2009)

10.000 Km (Carlos Marqués-Marcet)

A ameaça do outro mundo (*It! The terror from beyond space*, Edward L. Cahn, 1958)

A ameaça veio do espaço (*It came from outer space*, Jack Arnold, 1953)

A bela e a fera (*La belle et la bête*, Jean Cocteau, 1946)

A caverna dos sonhos esquecidos (*Cave of forgotten dreams*, Werner Herzog), 2011.

A Coisa (*The Thing*, Matthijs van Heijningen Jr., 2011)

A Colina Escarlate (*Crimson Peak*, Guillermo del Toro, 2015)

A entidade 2 (*Sinister 2*, Ciarán Foy, 2015)

A espinha do diabo (*El espinazo del diablo*, Guillermo del Toro, 2001)

A estreita faixa amarela (*La delgada línea amarilla*, Celso R. García, 2015)

A forma da água (*The shape of water*, Guillermo del Toro, 2017)

A história de Rute (*The story of Ruth*, Henry Coster, 1960)

A invenção de Hugo Cabret (*Hugo*, Martin Scorsese, 2011)

A lenda do cavaleiro sem cabeça (*Sleep hollow*, Tim Burton, 1999)

A marvada carne (André Klotzel, 1985)

A mulher de preto (*The woman in black*, Peter Watkins, 2012)

A mulher de preto 2: anjo da morte (*The woman in black 2: angel of death*, Tom Harper, 2014)

A múmia (*The mummy*, Alex Kurtzman, 2017)

A noite do terror cego (*La noche del terror ciego*, Amando de Ossorio, 1972)

A noite dos mortos-vivos (*Night of the living dead*, George Romero, 1968)

A pele que habito (*La piel que habito*, Pedro Almodóvar, 2011)

A revanche do monstro (*Revenge of the creature*, Jack Arnold, 1955)

A selva nua (*The naked jungle*, Byron Haskin, 1954)

***Ação mutante** (Acción mutante*, Álex de la Iglesia, 1993)

Alien: covenant (Ridley Scott, 2017)

Alien, o oitavo passageiro (*Alien*, Ridley Scott, 1979)

***Alien 3** (David Fincher, 1992)*

***Alien vs. Predador** (Alien vs. Predator*, Colin Strause, Greg Strause, & Paul W. S. Anderson, 2004*)*.

Al otro lado del espejo (Jesús Franco, 1973)

Amizade desfeita (*Unfriended*, Levan Gabriadze, 2015)

Amor e monstros (*Love and monsters*, Michael Matthews, 2020)

As bruxas de Zugarramurdi (*Las brujas de Zugarramurdi*, Álex de la Iglesia, 2013)

As noites de Mardi Gras (*Mardi Gras*, Edmund Goulding, 1950)

Alien, a ressurreição (*Alien: ressurrection*, Jean-Pierre Jeunet, 1997)

Alucarda (*Alucarda, la hija de las tinieblas*, Juan López Moctezuma, 1977)

Apocalipse (*Extinction*, Miguel Ángel Vivas, 2015)

Avatar (James Cameron, 2009)

Avatar, o Caminho da Água (*Avatar, The Way of Water*, James Cameron, 2022)

Bird Box (Susanne Bier, 2018)

Blade Runner (Riddley Scott, 1982; Denis Villeneuve, 2017)

Blade II (Guillermo del Toro, 2002)

Boa noite, mamãe (*Ich seh, Ich seh*, Veronika Franz & Severin Fiala, 2014)

Caranguejo negro (*Svart krabba*, Adam Berg, 2022)

Círculo de fogo (*Pacific rim*, Guillermo del Toro, 2013)

Closer – perto demais (*Closer*, Mike Nichols, 2005)

Cold Skin (Xavier Gens, 2017)

Corrosão, ameaça em seu corpo (*Body melt*, Philip Brophy, 1993)

Cría cuervos (Carlos Saura, 1976)

Cuentos de la Alhambra (Florián Rey, 1950)

Cult of the Cobra (Francis D. Lyon, 1955)

Darkness – as trevas (*Darkness*, Jaume Balagueró, 2002)

Depois da Terra (*After Earth*, M. Night Shyamalan, 2013)

Destruição (*Earthstorm*, Terry Cunningham, 2006)

Destruição final – o último refúgio (Greenland, Ric Roman Waugh, 2020)

Destruição total: o fim do mundo (*Category 7: the end of the world*, Dick Lowry, 2005)

Deuses e monstros (*Gods and monsters*, Bill Condon, 1998)

Drácula contra Frankenstein (*Dracula vs. Frankenstein*, Jesús Franco, 1972)

e-Demon (Jeremy Wechter, 2016)

E.T., o extraterrestre (*E.T., the extra-terrestrial*, Steven Spielberg, 1982)

El bosque (Óscar Aibar, 2012)

El bosque animado (José Luis Cuerda, 1987)

El buque maldito (Amando de Ossorio, 1974)

El habitante incierto (*The uncertain guest*, Guillem Morales, 2005)

El hotel eléctrico (Segundo de Chomón, 1905)

El huésped de las tinieblas (Antonio del Amo, 1948)

El rayo de luna (sem diretor/ 30 de dezembro de 1968/ TVE)

El otro (Joan Codina, Eduardo Zamacois, 1919)

El vampiro (Abel Salazar, 1957)

Ela (*Her*, Spike Jonze, 2013)

Ele, o boto (Walter Lima Jr., 1987)

Enquanto você dorme (*Mientras duermes*, Jaume Balagueró, 2010)

Errementari: o ferreiro e o diabo (*Errementari: el herrero y el diablo*, Paul Urkijo, 2017)

Eu, robô (*I robot*, Alex Proyas, 2004)

Eva (Kike Maíllo, 2011)

Ex-machina: instinto artificial (*Ex-machina*, Alex Garland, 2015)

Excursión en la Luna (Segundo de Chomón, 1908)

Exorcismus: a possessão (*La posesión de Emma Evans*, Manuel Carballo, 2010)

Extermínio 2 (*28 weeks later*, Juan Carlos Fresnadillo, 2002)

Festa no céu (*The book of life*, Jorge R. Gutiérrez, 2014)

Frankenstein (James Whale, 1932)

Free Willy (Simon Wincer, 1993)

Friend request (Simon Verhoeven, 2016)

Fue una pesadilla (Miguel Ballesteros, 1925)

Furacão, o dia da destruição (*Category 6: day of destruction*, Dick Lowry, 2004)

Habitantes da escuridão (*They*, Robert Harmon, 2002)

Hierro (Gabe Ibáñez, 2009)

Histórias assustadoras para contar no escuro (*Scary stories to tell in the dark*, André Øvredal, 2019

Impacto *(Impact*, Mike Rohl, 2009)

Independence Day (Roland Emmerich, 1996)

Intacto (Juan Carlos Fresnadillo, 2001)

Inteligência artificial (*A.I.*, Steven Spielberg, 2001)

Invocação do mal (*The conjuring*, James Wan, 2013)

It: a Coisa (*It*, Andy Muschietti, 2017)

It lives again (Larry Cohen, 1978)

It: uma obra-prima do medo (*It*, Tommy Lee Wallace, 1990)

La casa de la lluvia (Antonio Román, 1943)

La cruz del diablo (John Gilling, 1975)

La hermandad (Julio Martí Zahonero, 2013)

La maison ensorcelée (Segundo de Chomón, 1908)

La maldición de la bestia (Miguel Iglesias, 1975)

La mansión de los muertos vivientes (Jesús Franco, 1985)

La marca del hombre lobo (Enrique López Eguiluz, 1968)

La monja (Luis de la Madrid, 2005)

La noche de las gaviotas (Amando de Ossorio, 1975)

La noche de Walpurgis (León Klimovsky, 1970)

La promesa (Josefina Molina, 3 de dezembro de 1974 / TVE)

La rebelión de las muertas (León Klimovsky, 1972)

Ligação perdida (*One missed call/ Chakushin ari*, 2004)

Linda juventude (*Hermosa juventud*, Jaime Rosales)

Lobos de Arga (Juan Martínez Moreno, 2010)

Mad Max (George Miller, 1979)

Maese Pérez, el organista (Antonio Chic, 2 de janeiro de 1976 / TVE)

Mamá (*Mama*, Andrés Muschietti, 2013)

Marnie, confissões de uma ladra (*Marnie*, Alfred Hitchcock, 1964)

Marrowbone (Sérgio G. Sanchez, 2017)

Mary, Mary (*Bloody Mary*, Juan López Moctezuma, 1975)

Más allá de la muerte (Benito Perojo, 1925)

Max, mon amour (Nagisa Oshima, 1986)

Melancolia (*Melancholia*, Lars von Trier, 2011)

Mensagem para você (*You've got mail*, Nora Ephron, 1999)

Métamorphoses (Segundo de Chomón, 1912)

Mindscape (Jorge Dorado, 2013)

Monster from Green Hell (Kenneth G. Crane, 1957)

Morte ao vivo (*Tesis*, Pedro Amenábar, 1996)

Não olhe para cima (*Don't look up*, Adam McKay, 2021)

Não tenha medo do escuro (*Don't be afraid of the dark/ No tengas miedo a la oscuridad*, Troy Nixei, 2010)

Nasce um monstro (*It's alive*, Larry Cohen, 1974)

Necronomicon (Jesús Franco, 1966)

Ninho de musaranho (*Musarañas*, Álex de la Iglesia, 2014)

Noche fantástica (Luis Maquina, 1943)

O agente do futuro (*Autómata*, Gabe Ibáñez, 2014)

O apóstolo (Fernando Cortizo, 2012)

O auto da Compadecida (Guel Arraes, 2000)

O bebê de Rosemary (*Rosemary's baby*, Roman Polanski, 1968)

O conquistador de Vênus (*It conquered the world*, Roger Corman, 1956)

O chamado (*Ringu*, Hideo Nakata, 1998)

O chamado (*The Ring*, Gore Verbinski, 2002)

O dia da besta (*El día de la bestia*, Álex de la Iglesia, 1995)

O dia depois de amanhã (*The day after tomorrow*, Roland Emmerich, 2004)

O despertar (*The awakening*, Nick Murphy 2011)

O enigma de outro mundo (*The thing*, John Carpenter, 1982)

O escorpião negro (*The black scorpion*, Edward Ludwig, 1957)

O espírito da colmeia (*El espíritu de la colmena*, Víctor Erice, 1973)

O exterminador do futuro (*Terminator*, James Cameron, 1984)

O exterminador do futuro 2: o julgamento final (*Terminator 2: judgement day*, James Cameron, 2009)

O fabuloso destino de Amélie Poulain (*Le fabuleux destin d'Amélie Poulain*, Jean-Pierre Jeunet, 2001)

O homem que desafiou o Diabo (Moacyr Góes, 2007)

O hospedeiro (*Gwoemul*, Joon-Ho Bong, 2006)

O impossível (*Lo imposible*, Juan Antonio Bayona, 2012)

O labirinto do fauno (*El laberinto del fauno*, Guillermo del Toro, 2006)

O manuscrito de Saragoça (*Rękopis znaleziony w Saragossie*, Wojciech Has, 1964)

O mascote do regimento (*The little colonel*, David Butler, 1935)

O monstro caminha entre nós (*The creature walks among us*, John Sherwood, 1956)

O monstro da Lagoa Negra (*Creature from the Black Lagoon*, Jack Arnold, 1954)

O monstro do Ártico (*The thing from another world*, Christian Nyby, 1951)

O monstro do mar (*The beast from 20,000 Fathoms*, Eugène Lourié, 1953)

O monstro do mar revolto (*It came from beneath the sea*, Robert Gordon, 1955)

O monstro do pântano (*Swamp thing*, Wes Craven, 1982)

O núcleo, missão ao centro da Terra (*The core*, Jon Amiel, 2003)

O orfanato (*El orfanato*, Juan Antonio Bayona, 2007)

O quarto dos esquecidos (*The disappointments room*, D. J. Caruso, 2016)

O quinto elemento (*The fifth element*, Luc Besson, 1997)

O retorno dos mortos-vivos (*El ataque de los muertos sin ojos*, Amando de Ossorio, 1973)

O segredo do abismo (*The abyss*, James Cameron, 1989)

O submarino atômico (*The atomic submarine*, Spencer Gordon Bennet, 1959)

O telefone do sr. Harrigan (*Mr. Harrigan's Phone*, John Lee Hancock, 2022).

O terrível Dr. Orloff (*Gritos en la noche/ The awful Dr. Orloff*, Jesús Franco, 1962)

Os caça-fantasmas (*Ghostbusters*, Ivan Reitman, 1984)

Os 39 degraus (*The 39 steps*, Alfred Hitchcock, 1935)

Os olhos de Julia (*Los ojos de Julia*, Guillem Morales, 2010)

Os olhos sem rosto (*Les yeux sans visage*, Georges Franju, 1960)

Os outros (*The others*, Alejandro Amenábar, 2001)

Os pássaros (*The birds*, Alfred Hitchcock, 1963)

Os últimos dias (*Los últimos días*, Álex Pastor & David Pastor, 2013)

Os vampiros (*I vampiri*, Mario Bava & Riccardo Freda, 1956)

O Titã (*The Titan*, Lennart Ruff, 2018)

Open windows (Nacho Vigalondo, 2014)

Palabras encadenadas (*Killing words*, Laura Mañá, 2003)

Paris by night of the living dead (Grégory Morin, 2009)

Pequenas histórias (Helvécio Ratton, 2007)

Poltergeist, o fenômeno (*Poltergeist*, Tobe Hooper, 1982)

Preso na escuridão (*Abre los ojos*, Alejandro Amenábar, 1997)

Presságio (*Knowing*, Alex Proyas, 2009)

Prometheus (Ridley Scott, 2012)

Pulse (Jim Sonzero, 2006)

Pulse 2: afterlife (Joel Soisson, 2008)

Quando fala o coração (*Spellbound*, Alfred Hitchcok, 1945)

¿Quién puede matar a un niño? (Narciso Ibáñez Serrador, 1976)

Rastros do além (*I still see you*, Scott Speer, 2018)

[REC] 2 (Jaume Balagueró & Paco Plaza, 2009)

Regressão (*Regresión*, Alejandro Amenábar, 2015)

Revolta dos zumbis (*Revolt of the zombies*, Victor Halperin, 1936)

Romasanta, a caça ao lobisomem (*Romasanta, la caza de la bestia*, Paco Plaza, 2003)

Sansão e Dalila (*Samson and Delilah*, Cecil B. DeMille, 1949)

Segundo origen (Carles Porta, 2015)

Sete minutos depois da meia-noite (*A monster calls*, Juan Antonio Bayona, 2016)

Simbad e o olho do tigre (*Sinbad and the eye of the tiger*, Sam Wanamaker, 1977)

Shutter (Yodphet Sudsawad, 2004)

Splice, a nova espécie (*Splice*, Vicenzo Natali, 2009)

Starman, o homem das estrelas (*Starman*, John Carpenter, 1984)

Sueñan los androides (Ion de Sosa, 2014)

Sweet home (Rafa Martínez, 2015)

Terremoto, a falha de San Andreas (*San Andreas*, Brad Peyton, 2015)

Terror em Mercy Falls (*Frágiles*, Jaume Balagueró, 2005)

Terror out of the sky (Lee H. Katzin, 1978)

The deadly mantis (Nathan Juran, 1957)

The monster that challenged the world (Arnold Leven, 1957)

The red spectre (Segundo de Chomón, 1907)

Them! (Gordon Douglas, 1954)

Tin & Tina (Rubin Stein, 2023)

Toy story (John Lasseter, 1995)

Trash – náusea total (*Bad taste*, Peter Jackson, 1987)

Tsunami: a fúria do oceano (*Haeundae*, Yoon Je-kyoon, 2009)

Twin Peaks: os últimos dias de Laura Palmer (*Twin Peaks: fire walk with me*, David Lynch, 1992)

Um cão andaluz (*Un chien andalou*, Luis Buñuel, 1928)

Um corpo que cai (*Vertigo*, Alfred Hitchcock, 1958)

Uma chamada perdida (*One missed call*, Éric Valette, 2008)

Una de miedo (Eduardo Maroto, 1935)

Veludo azul (*Blue velvet*, David Lynch, 1986)

Vida (*Life*, Daniel Espinosa, 2017)

Zumbi branco (*White Zumbi*, Victor Halperin, 1932)

Séries para cinema ou televisão citadas

24 horas (*24*, Joel Surnow et al., 2001-2014)

Altered carbon (Laeta Kalogridis, 2018-2023)

Black mirror (Charlie Brooker, 2011-2019)

Os Simpsons (*The Simpsons*, Matt Groening, desde 1989)

Real humans (*Äkta Människor*, Lars Lundström, 2012)

The strain: noite absoluta (*The Strain Trilogy*, Guillermo del Toro & Chuck Hogan, 2014-2017)

Twin Peaks (David Lynch & Mark Frost, 1990-1991)

Twin Peaks: o retorno (*Twin Peaks: The return*, David Lynch & Mark Frost, 2017)

Westworld (Fred Toye & Michael Crichton, 2016-2022)

Impressão e Acabamento
Bartiragráfica
(011) 4393-2911